国家图书馆文津出版基金资助项目

ZHONGWEN WENXIAN BIAOYIN GONGZUO SHIYONG SHOUCE

中文文献标引工作实用手册

曹玉强 / 编著

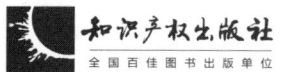

知识产权出版社
全国百佳图书出版单位

图书在版编目（CIP）数据

中文文献标引工作实用手册 / 曹玉强编著 . —北京：知识产权出版社，2019.1
ISBN 978-7-5130-5907-7

Ⅰ . ①中… Ⅱ . ①曹… Ⅲ . ①中文文献—标引—手册 Ⅳ . ① G254.0-62

中国版本图书馆 CIP 数据核字 (2018) 第 232992 号

内容提要

本手册适用于《中国分类主题词表》第三版，大致可分为两大部分：基础理论部分与应用部分，重点是文献标引特殊规则的应用。本手册注重理论知识的实际应用，通过列举大量实例说明问题，对于某些特殊问题尽可能用实例加以解释，循序渐进、通俗易懂，具有较强的实用性。所有实例均来源于"国家图书馆中文普通图书书目数据库"。

责任编辑：彭喜英　　　　　　责任印制：刘译文

中文文献标引工作实用手册
曹玉强　编著

出版发行：知识产权出版社有限责任公司	网　　址：http://www.ipph.cn
电　　话：010-82004826	http://www.laichushu.com
社　　址：北京市海淀区气象路 50 号院	邮　　编：100081
责编电话：010-82000860 转 8539	责编邮箱：pengxiying@cnipr.com
发行电话：010-82000860 转 8101	发行传真：010-82000893
印　　刷：三河市国英印务有限公司	经　　销：各大网上书店、新华书店及相关专业书店
开　　本：720mm×1000mm　1/16	印　　张：17.25
版　　次：2019 年 1 月第 1 版	印　　次：2019 年 1 月第 1 次印刷
字　　数：260 千字	定　　价：68.00 元
ISBN 978-7-5130-5907-7	

出版权专有　侵权必究
如有印装质量问题，本社负责调换。

前　　言

本手册适用于《中国分类主题词表》(简称《中分表》)第三版。

《中分表》第二版对《中分表》第一版的主题词进行了修订，放宽了词组型叙词的选定标准，改变了一些主题词的词性，对中文文献主题标引产生了较大的影响。为了积极贯彻《中分表》第二版中的内容，解决《中分表》第一版遗留的问题，确保标引工作的准确性与一致性，有必要制定文献标引细则，作为国家图书馆及全国图书馆标引工作者共同遵守的准则，也有利于全国图书馆联合编目工作的开展。

《中分表》第二版放宽了词组型叙词的选定标准，增加了一些含有地区概念或时间概念的先组词。这些先组词并不都是不可拆分的专有称谓、术语，有一些还有种概念。在用种概念主题词进行标引时，是选择含有地区概念或时间概念的先组词（属概念主题词）组配标引，还是选择位置因素或时间因素的主题词组配标引，必须做出明确规定。在《中分表》第一版中，阿拉伯帝国、拜占庭帝国、波斯帝国、古罗马、古希腊等既有地区属性又有时间属性的古国名主题词是地理名称主题词，标引时与现代国名主题词无异，可以作为位置因素标引。但是，《中分表》第二版将古国名主题词改为普通主题词后，必须对如何标引古国名主题词，以及如何与原有主题标引模式保持连续性做出明确规定。《中分表》第二版增加了大量课程主题词（比如：小学语文课、中学数学课、英语课、中国史课、计算机课等）、文艺作品集主题词（比如：歌词集、散文集、诗集、小说集等）。对于这些新增主题词，如何标引，以及如何区分职业高中基础课与专业课等问题，也必须做出明确规定。

　　本手册大致可分为两大部分：基础理论部分与应用部分，重点是文献标引特殊规则的应用。文献标引是一项实践性工作，具有一定的灵活性与特殊性。本手册注重理论知识的实际应用，通过列举大量实例来说明问题，对于某些特殊问题尽可能用实例加以解释，循序渐进，通俗易懂，具有较强的实用性。所有实例均来源于"国家图书馆中文普通图书书目数据库"。

　　本人于 1988 年硕士研究生毕业后到国家图书馆工作，一直从事图书标引、编目工作。1993 年 4 月以前，从事英文图书标引、编目工作；1993 年 5 月至今，从事中文普通图书标引、编目工作；2000 年，开始负责中文普通图书标引总审校工作，至今已有 18 年。作为国家图书馆中文普通图书标引总审校，理应尽职尽责地工作，总结工作经验，填补国内中文文献标引实践著作的空白。这是我写这本书的初衷，也是我的理想。

　　由于作者水平有限，存在疏漏和错误在所难免，敬请各位专家、同行批评指正。

曹玉强

2018 年 4 月

目　　录

第1章　文献标引名词术语 /1

1.1　文献标引 /1

1.2　文献标引工作 /1

1.3　文献标引方式 /1

　　1.3.1　整体标引 /1

　　1.3.2　全面标引 /2

　　1.3.3　重点标引 /2

　　1.3.4　补充标引 /2

　　1.3.5　综合标引与分析标引 /2

1.4　互见分类与分析分类 /3

1.5　文献主题分析 /3

1.6　主题概念转换 /3

1.7　标引深度 /4

1.8　主题 /4

　　1.8.1　单主题和多主题 /4

　　1.8.2　单元主题、复合主题和联结型主题 /4

　　1.8.3　整体主题与局部主题 /5

　　1.8.4　主要主题和次要主题 /5

　　1.8.5　专业主题、相关主题和非专业主题 /6

　　1.8.6　显性主题和隐性主题 /6

第2章　《中国分类主题词表》的一些符号 /8

2.1　参照符号 /8

2.2　圈码 /10

2.3　其他符号 /13

第3章　文献主题标引 /15

3.1　文献主题标引的选词规则 /15

　　3.1.1　书写规则 /15

　　3.1.2　标引词选定次序 /16

　　3.1.3　组配标引规则 /17

　　3.1.4　上位词标引规则 /17

　　3.1.5　靠词标引规则 /17

　　3.1.6　自由词标引规则 /18

　　3.1.7　增词标引规则 /19

3.2　主题词组配规则 /20

　　3.2.1　组配原理 /20

　　　　3.2.1.1　概念之间的关系 /20

　　　　3.2.1.2　概念组配 /21

　　　　3.2.1.3　字面组配 /21

3.2.2　组配的类型 /21
　　3.2.2.1　交叉组配 /21
　　3.2.2.2　限定组配 /22
　　3.2.2.3　联结组配 /23
3.2.3　组配规则 /23
　　3.2.3.1　使用专指主题词组配 /23
　　3.2.3.2　主题词组配是概念组配，避免简单的字面组配 /24
　　3.2.3.3　优先使用交叉组配 /24
　　3.2.3.4　不能越级组配 /24
　　3.2.3.5　不得进行相互交叉组配或限定组配 /25
　　3.2.3.6　组配的结果 /25
　　3.2.3.7　分组标引方式 /25
　　3.2.3.8　组配符号及其使用 /26
　　3.2.3.9　组配的词序 /27
　　3.2.3.10　组配级别及标题数量 /27
3.2.4　主标题的确定 /27

3.3　单主题和多主题的标引 /27
3.3.1　单主题的标引 /28
　　3.3.1.1　单元主题的标引 /28
　　3.3.1.2　复合主题的标引 /28
3.3.2　多主题的标引 /28
　　3.3.2.1　并列关系主题的标引 /29
　　3.3.2.2　从属关系主题的标引 /29
　　3.3.2.3　影响关系主题的标引 /30
　　3.3.2.4　应用关系主题的标引 /30
　　3.3.2.5　比较关系主题的标引 /31
　　3.3.2.6　因果关系主题的标引 /32
　　3.3.2.7　相互关系主题的标引 /32

3.4　各种主题因素的标引 /33
3.4.1　主体因素的标引 /34
3.4.2　通用因素的标引 /35
3.4.3　位置因素的标引 /35
3.4.4　时间因素的标引 /37
3.4.5　文献类型因素的标引 /39

第 4 章　文献分类标引 /41

4.1　文献分类的质量管理 /41
4.2　文献分类工作程序 /42
4.2.1　文献分类查重 /42
4.2.2　文献内容分析 /42
4.2.3　文献主题提炼及选择 /44
4.2.4　归类 /44
4.2.5　编制同类书的书次号 /44
4.2.6　分类复核 /44
4.3　文献分类基本规则 /45
4.3.1　文献分类必须以文献内容的学科或专业属性为主要标准 /45
4.3.2　文献分类要遵守所用分类法的规定，体现系统性和逻辑性 /45
4.3.3　文献分类的专指性原则 /45
4.3.4　文献分类的实用性原则 /46
4.3.5　文献分类的一致性原则 /46
4.3.6　文献分类的思想性原则 /46

4.4 文献分类的一般规则 /47
　4.4.1 单主题文献的分类 /47
　　4.4.1.1 单元主题文献的分类 /47
　　4.4.1.2 复合主题文献的分类 /47
　4.4.2 多主题文献的分类 /48
　　4.4.2.1 并列关系主题的分类 /49
　　4.4.2.2 从属关系主题的分类 /49
　　4.4.2.3 影响关系主题的分类 /50
　　4.4.2.4 应用关系主题的分类 /50
　　4.4.2.5 比较关系主题的分类 /51
　　4.4.2.6 因果关系主题的分类 /51
　　4.4.2.7 相互关系主题的分类 /51
4.5 《中图法》的编制理论与编制技术 /52
　4.5.1 基本序列 /52
　4.5.2 基本大类 /52
　4.5.3 体系与结构 /54
　　4.5.3.1 《中图法》的体系 /54
　　4.5.3.2 《中图法》的结构 /54
　4.5.4 类目的划分与排列 /55
　4.5.5 类目关系及其显示 /56
　　4.5.5.1 类目纵向关系的显示 /56
　　4.5.5.2 类目横向关系的显示 /57
　4.5.6 类目注释 /57
　4.5.7 分类法编制中的若干问题的处理 /59
　　4.5.7.1 关于依人列类问题 /59

4.5.7.2 关于多重列类法 /59
　4.5.8 类目涵义的划分与辨识 /61
4.6 《中图法》标记符号的编制与使用 /65
　4.6.1 标记符号 /65
　　4.6.1.1 基本标记符号 /65
　　4.6.1.2 辅助标记符号 /66
　4.6.2 编号制度 /72
　　4.6.2.1 基本编号制度 /72
　　4.6.2.2 编号制度上的变通措施 /72
4.7 《中图法》的组配技术及应用 /78
　4.7.1 通用复分表 /79
　　4.7.1.1 总论复分表 /79
　　4.7.1.2 世界地区表 /81
　　4.7.1.3 中国地区表 /84
　　4.7.1.4 国际时代表、中国时代表 /87
　　4.7.1.5 中国民族表 /89
　　4.7.1.6 世界种族与民族表 /90
　　4.7.1.7 通用时间、地点和环境、人员表 /91
　4.7.2 专类复分表 /92
　4.7.3 类目之间的仿分 /95
　　4.7.3.1 临近类目仿分 /95
　　4.7.3.2 仿总论性类目分 /96
　　4.7.3.3 类目仿分组号要点 /98

4.7.4　冒号组配技术与应用 /99
　　4.7.4.1　冒号组配技术在《中图法》中的应用 /99
　　4.7.4.2　冒号组配法使用要点 /100

第5章　计算机检索系统的文献标引 /102

5.1　600 个人名称主题 /103
5.2　601 团体名称主题 /106
5.3　605 题名主题 /110
5.4　606 普通主题 /113
5.5　607 地理名称主题 /116
5.6　610 非控主题词 /118
5.7　690《中国图书馆分类法》分类号 /122

第6章　文献标引特殊规则 /124

6.1　马列主义、毛泽东思想、邓小平理论文献的标引 /124
　　6.1.1　马列主义、毛泽东思想、邓小平理论文献的标引方法 /124
　　6.1.2　马列主义、毛泽东思想、邓小平理论研究著作的标引 /125
　　6.1.3　六位革命导师传记文献标引 /127
　　6.1.4　六位革命导师理论应用文献的标引 /128
6.2　历史主题文献的标引 /128
6.3　主题涉及地区的文献标引 /134

6.4　传记类文献的标引 /137
6.5　文艺著作的标引 /143
6.6　专著研究主题的标引 /152
6.7　各级、各类教育的各科教材、教学参考书的标引 /155
6.8　个人文集、选集、全集的标引 /161
6.9　普通读物的标引 /164
6.10　"H 语言、文字"类的标引 /166
　　6.10.1　英语类文献的标引 /167
　　　　6.10.1.1　教材教参类英语文献的标引 /167
　　　　6.10.1.2　英语读物的标引 /171
　　　　6.10.1.3　专业英语文献的标引 /175
　　6.10.2　常用外国语文献的标引 /176
　　6.10.3　其他外国语文献的标引 /177
　　6.10.4　汉语类文献的标引 /178
　　6.10.5　对外汉语读物的标引 /179
6.11　多卷书的标引 /181
6.12　丛书的标引 /189
6.13　合订书的标引 /191
6.14　词典的标引 /192
6.15　百科全书的标引 /196
6.16　年鉴的标引 /198
6.17　文献目录、索引的标引 /200
6.18　文献适用范围与读者对象的

标引 /203

6.19 改写、改编、缩编文献的标引 /204

6.20 哲学家的分类标引 /205

6.21 古国名主题的标引 /207

6.22 文献文种的标引 /209

6.23 医药科学文献的标引 /211

6.24 含有地区概念或时间概念先组词的标引 /214

第 7 章 中文图书主题标引的发展史 /222

7.1 第一阶段：1984 年至 1988 年 3 月，手工标引阶段 /222

7.2 第二阶段：1988 年 4 月至 1991 年，手工标引向计算机标引过渡阶段 /223

7.3 第三阶段：1992 年至 2000 年中，计算机标引初级阶段 /225

7.4 第四阶段：2000 年中至 2014 年，计算机标引发展阶段 /226

7.5 第五阶段：2015 年至今，计算机标引新阶段 /229

附录 /232

附录 I 《中图法》第五版的若干修改 /232

附录 II 汉语叙词表主题标引的瓶颈与发展方向 /241

附录 III 《中图法》在联合编目环境下的适应性 /246

附录 IV 编目工作的完整性 /252

附录 V 国家图书馆中文名称规范的探讨 /257

参考文献 /265

第 1 章　文献标引名词术语

1.1　文献标引

所谓"文献标引",就是根据文献的特征,赋予某种检索标识的过程。文献有多种特征,从文献内容特征进行揭示的标引是最主要的标引,其中以主题词表、标题表等为工具,赋予文献语词标识的过程,称为主题标引;以分类表为工具,赋予文献号码标识的过程,称为分类标引。

1.2　文献标引工作

文献标引工作是指文献标引及其组织管理,包括方法、技术、程序、规则,以及人力、物力、设备的组织、运用和管理等。

1.3　文献标引方式

文献标引方式是根据检索系统的类型与功能要求、文献情报用户的需求,针对特定文献的类型和情报价值,以及从成本—效益等方面考虑,为控制文献标引深度而采取的揭示文献内容的方式。文献标引可以划分为如下 5 种方式。

1.3.1　整体标引

整体标引也称为浅标引或概括标引。它是以一册图书或一篇文献作为一个标引单元，只概括揭示文献基本主题内容或整体主题的标引方式，对于文献的从属主题、局部主题一般不予揭示。整体标引通常用一个分类号、一个主题词或 2～5 个主题词组配标引，提供文献主题的主要检索途径。

1.3.2 全面标引

全面标引也称深标引。它是把文献中全部有价值、符合检索系统要求的主题内容都予以揭示的标引方式。对于分类标引来说，除用主类号揭示基本主题之外，还应运用附加分类号、分析分类号揭示其他有检索价值的次要主题；对于主题标引来说，一般使用 5～20 个主题词，组成 3～5 条检索款目为宜，如有必要，还应对整体主题进行概括标引。

1.3.3 重点标引

重点标引也称对口标引。它是只对文献中适合本单位、本专业服务对象需要的情报内容进行揭示的标引方式。

1.3.4 补充标引

补充标引是一种辅助标引方式，即在进行整体标引的同时，根据某种特定需要，再对文献中部分重要的局部主题进行标引。这种标引方式可以提高整体标引或重点标引的深度。

1.3.5 综合标引与分析标引

综合标引是一种以整套丛书、多卷书、论文集、会议录等文献为标引单元，进行整体标引。综合标引便于把某种整套文献或某专题文献集中排列（对于藏书组织）、集中揭示，提供从文献整体特征进行检索的途径。

所谓分析标引，一是指以整套文献中的某一册、某一卷为标引单元进行的标引，也称为"分散标引"；二是指以整本文献的某一篇章、某一附录为标引单元进行的标引。在分类标引中，统称为分析标引；而在主题标引中，后者即补充标引。

1.4　互见分类与分析分类

互见分类，也称附加分类。它是指一种文献除按其全部内容或重点内容进行分类外，再对其中的非重点内容，或因分类规则所限，没有得以揭示的其他整体性内容进行分类。需要进行互见分类的文献主要有3种：一是文献内容具有多学科属性；二是文献中有若干个并列的主题；三是因分类法规定按某种形式集中文献，而不能揭示其学科属性的。

分析分类是指对文献的局部内容进行分类，例如，对整套文献中的某一种、对文献单元中的某一知识单元进行分类。

互见分类、分析分类都是对文献整体分类的补充，是提高文献分类标引深度的主要手段。由于一种文献从不同的学科属性或以不同的研究对象在分类检索系统中重复反映，增加了检索途径，可以使文献得到充分的揭示和利用。大型图书情报机构和专业图书情报机构应尽量采用。

1.5　文献主题分析

文献主题分析就是根据文献存储和检索系统的需要，对文献内容进行分析和提取主题概念的过程。也就是通过对文献内容的调查，弄清楚文献中究竟讲了些什么，包含哪些知识或情报内容。

1.6　主题概念转换

在主题分析阶段，我们是用自然语言对文献主题内容进行描述的，要形成检索标识，就必须把这种描述翻译成特定检索语言的表达式，这个过程就是主题概念转换。确定主题标识，就是把主题概念转换的结果用书面的形式表达出来，形成输入检索系统的检索标识。对于分类标引来说，就是确定分类号的书写形式（包括类号的复分、组配等）；对于主题标引来说，就是对选择的主题词进行分组、组配、拟订标题，以及对机检标引词进行处理。

1.7 标引深度

标引深度也称标引网罗度或标引穷举度。它是指对一篇（种）文献所给予的全部检索标识的数量，即对该文献中具有检索意义的内容特征和外表特征，进行分析描述所达到的深度。对于分类标引来说，指赋予某文献分类号的数量；对于主题标引来说，指赋予某文献主题词的数量。对于一个检索系统来说，文档中所存文献平均拥有的检索标识的数量，就是其标引深度。主题分析的深度决定着文献标引的深度。

1.8 主题

主题是一组具有共性事物的总称，用以表达文献所论述和研究的具体对象和问题，即文献的中心内容。

1.8.1 单主题和多主题

根据文献中论述主题数量的多少，可将文献主题划分为单主题和多主题。

（1）单主题是指一篇文献只研究一个中心问题或事物，即一个主题。单主题包括全面论述一个事物或问题，也包括论述一个事物或问题的一个方面或几个方面。例如，《水稻》《月季施肥》《犬的饲养与防病》。

（2）多主题是指一篇文献同时研究两个或两个以上的事物或问题，即多个主题。多主题包括同时论述多个独立的主题，也包括同时论述一个大主题和若干个小主题，以及同时论述几个相关联的主题。

对于单主题文献，一般应根据文献对事物、对象研究的特点，按照文献主题构成因素及其关系进行标引。对于多主题文献，必须首先分析各主题相互之间的关系，如并列关系、从属关系、相关关系等，然后选择不同的标引方法。

1.8.2 单元主题、复合主题和联结型主题

根据一个文献主题中概念构成因素的数量和关系，可将文献主题划分为单元

主题、复合主题和联结型主题。

（1）单元主题是指只含有一个主题因素（不含文献类型因素）的主题。对单元主题的分析，只要用一个概念加以概括就行了。例如，《高等数学》，主题标引：高等数学；分类标引：O13。

（2）复合主题是指由两个或两个以上主题因素结合构成的主题，也称多元主题。

（3）联结型主题是指组成主题对象之间具有某种联系的一种主题类型。它是多主题的一种形式，是复合主题的一种特殊形式。

1.8.3 整体主题与局部主题

根据文献主题概括文献内容的完整程度不同，可将文献主题划分为整体主题与局部主题。

（1）整体主题是指能概括文献全部内容或基本内容的主题。

（2）局部主题是指只能概括文献部分内容的主题。

一种文献只能有一个整体主题，但根据文献涉及的内容范围可有多个局部主题。例如，《物理学·光学》。对一种文献至少要标引一个整体主题，但是否标引局部主题，则要视局部主题的价值和检索系统的性质而定。综合性图书情报机构必须标引整体主题，并可有选择地标引局部主题。专业性图书情报机构应选择符合本单位服务对象需要的主题进行标引，即可以在对整体主题标引的同时选择有价值的局部主题标引，也可以只对有价值的局部主题进行重点标引。

1.8.4 主要主题和次要主题

在多主题文献中，根据文献主题的重要性程度不同，可将文献主题划分为主要主题和次要主题。

（1）主要主题是指文献作者重点论述的主题内容，也称中心主题。一种文献至少有一个主要主题。单主题的文献只有一个主要主题，有些多主题文献可能有两个或多个主要主题。

（2）次要主题是指多主题文献中不属于重点论述的主题，也就是中心主题之外的主题。一般是作者在文献中为了更全面和更深入地论述主要主题的需要，而写入的某些内容，或者是构成整体主题的某些局部主题，如一本书中的一章或一节。一种文献可能有多个次要主题。

一般来说，整体主题与主要主题相对应，局部主题与次要主题相对应。主要主题是一篇文献论述的主要内容，应该是文献标引的重点，不能漏标；次要主题可视检索系统的需要来决定是否标引。如果受检索系统标引深度的控制，或受人力、物力所限，应该优先对主要主题进行标引，然后在可能的情况下再选择某些次要主题进行标引。专业图书情报单位也可只标引与检索系统专业性相一致的次要主题。

1.8.5 专业主题、相关主题和非专业主题

根据文献主题与文献检索系统专业范围的相关程度不同，可将文献主题划分为专业主题、相关主题和非专业主题。

（1）专业主题是指与检索系统专业性质相一致的主题。

（2）相关主题是指与检索系统专业性质不一致，但有相关性的主题。

（3）非专业主题是指与检索系统专业性质不一致，也不相关的主题。

专业主题、相关主题和非专业主题都可能是主要主题，也可能是次要主题；可能是整体主题，也可能是局部主题；可能是显性主题，也可能是隐性主题。对于综合性图书情报单位来说，没有专业主题、相关主题和非专业主题之分，标引时应该按检索系统预先规定好的标引方式标引。专业图书情报单位应该根据本单位性质和研究范围，对专业主题、相关主题、非专业主题的范围事先予以界定，对专业主题应该重点标引，对与该专业的研究有联系、有启发、有一定使用价值的相关主题可以有选择地标引，对非专业主题则不予标引。

1.8.6 显性主题和隐性主题

根据文献主题表达文献内容的直观程度不同，可将文献主题划分为显性主题和隐性主题。

（1）显性主题：也称显见主题，是指文献中明确表达出来的、较易进行辨

识的主题。

（2） 隐性主题：也称隐含主题，是指文献中没有直接、明确地表达出来，而是隐含在不同字面形式中的主题。

在一篇文献中，隐性主题不可能孤立地存在，它与显性主题在内容上总有着一定的联系。例如，《金瓶梅研究》这本书，其显性主题是对《金瓶梅》的研究，隐性主题则是对中国明代小说的研究，因为《金瓶梅》这本书是明代小说；《庄子研究》这本书，其显性主题是对《庄子》的研究，隐性主题则是对道家的研究，因为《庄子》这本书是道家经典著作，其中贯穿着道家的思想。

隐性主题大多由显性主题进一步推衍而来，不是文献中的主要主题和整体主题，但有可能是专业主题或相关主题。因此，综合性图书情报单位应该重点标引显性主题，对重要的隐性主题做适当标引。专业性图书情报单位应该根据本单位检索系统的需要，对适合本专业的文献主题，无论是显性主题还是隐性主题都应予以标引。

第 2 章 《中国分类主题词表》的一些符号

2.1 参照符号

1. "Y"（用）。

"Y"（用）表示正式主题词，用于从非正式主题词指引到正式主题词。

例 1：

电测深

  Y 电测深法勘探

例 2：

垂向电测深

  Y 电测深法勘探

2. "D"（代）。

"D"（代）表示非正式主题词，用于指明正式主题词代替的词。例如，电测深法勘探。

  P631.3+22；[TE132.1+4]

   D 垂向电测深

    电测深

   S 直流电法勘探

   Z 勘探

   C 二维反演

3. "S"(属)。

"S"(属)表示上位词,指具有等级关系(属分关系)的主题词中概念外延较大的主题词。例如,电测深法勘探 S 直流电法勘探;直流电法勘探 S 电法勘探。

直流电法勘探

 P631.3+23；[TE132.1+4]

  S 电法勘探

  F 充电法勘探

    等位线法勘探

    电测深法勘探

  Z 勘探

4. "F"(分)。

"F"(分)表示下位词,指具有等级关系(属分关系)的主题词中概念外延较小的主题词。例如,直流电法勘探 F 电测深法勘探;电法勘探 F 直流电法勘探。

5. "Z"(族)。

"Z"(族)表示族首词,指具有等级关系(属分关系)的一个词族中概念外延最大的主题词。例如,电测深法勘探 Z 勘探;直流电法勘探 Z 勘探。

6. "C"(参)。

"C"(参)表示相关主题词,即除等同关系和等级关系外,在概念上具有某种密切联系的主题词。例如,电测深法勘探 C 二维反演;二维反演 C 电测深法勘探。

7. "·"(主题词等级符号)。

"·"(主题词等级符号)表示某个族首词下的词相对于族首词的等级数,一个圆点表示族首词的直接下位词,两个圆点表示二级下位词(下位词的下位词),依此类推。同级主题词之间按汉语拼音排序。电子版不同于印刷版,以排版、缩格形式表示主题词之间的等级关系,并且可以逐级展开。例如:

勘探
　・地球化学勘探

　・地球物理勘探
　・・磁法勘探

　・・电法勘探
　・・・低频法勘探

　・・・直流电法勘探
　・・・・充电法勘探
　・・・・等位线法勘探
　・・・・电测深法勘探
　・・・阻抗法勘探
----

8. 控制字符。

在国家图书馆的主题规范记录中，参照符号对应的控制字符为："g"（上位词）、"h"（下位词）、"z"（族首词）、"k"（相关主题词）；非正式主题词（入口词）著录于相应的4--字段。

2.2　圈码

圈码①~⑨，也称为附表标识，加在主表分类号的后部或附表分类号的前部，提示可依圈码所示的附表复分，或为附表类号标记。附表标识①~⑨分别代表"总论复分表""世界地区表""中国地区表""国际时代表""中国时代表""世界种族与民族表""中国民族表""通用时间、地点和环境、人员表""专类复分表或类目仿分"的复分标识。

①——总论复分表

②——世界地区表

③——中国地区表

④——国际时代表

⑤——中国时代表

⑥——世界种族与民族表

⑦——中国民族表

⑧——通用时间、地点和环境、人员表（适用于类分资料）

⑨——专类复分表或类目仿分

圈码①~⑧如果处在类号前面，表示该类号为复分号，不能独立作为分类检索标识，所表示的主题概念为复分组配概念。在标引时，根据分类规则，与类号组配使用，将圈码去掉。所有附表标识如果附在类号后面，则表示该类号在需要时可依圈码所示范围进行复分。

例1：

电场模拟试验

 TM ①

  S 电工试验

  Z 电工试验

TM 电工技术

    机电一体化入 TH-39，依总论复分表分。

例2：

中国经济史

 F129 ⑤③

  S 经济史

Z 经济史

C 中国历史

F129　中国经济史

依中国时代表分。如有必要，可再依中国地区表分，并用地区区分符号（）加以标识。

例3：

电测仪

　　TH763.1 ⑨

　　　D　电测仪表

　　　　　电测装置

　　　S　测井仪

　　　Z　测井仪

　　　C　电测井

　　　　　随钻测井仪

TH763.1　　地球物理勘探仪器

振摆仪、磁力仪、电磁测量仪、辐射仪等入此。

TH7　　仪器、仪表

TH70　　一般性问题

TH701　　理论

TH702　　设计、计算与制图

TH708　　仪表厂

　　　　TH71/89　各种仪器、仪表

可仿 TH70 分。例：机械钟的设计为 TH714.511.02。

TH714.511　机械钟

例 4：

试验

　　N33；|①–33|

–33　实验、试验方法与实验、试验设备

例 5：

中国

　　② 2 ③；⑤ 7

2　中国

　　如有必要，可再依中国地区表分。

7　中华人民共和国（社会主义革命和社会主义建设时期）（1949 年）

2.3　其他符号

1."+"（加号）。

如果加号位于分类号中间，表示加号前的部分是类分图书和类分资料共同的号码，加号后的部分是类分资料扩充加细的号码；如果加号位于分类号开头，表示分类号只是类分资料的号码；如果分类号不带加号，则表示两者的分类号相同。

例如：

Q959.112　鞭毛虫纲

Q959.112+.1　植鞭亚纲

Q959.113.1　动鞭亚纲（+Q959.113.1⑨）

2."[ ]"（方括号）。

方括号用于表示交替类目及其对应的主题词，例如，[C94]、[系统科学]、[系统论]。

3."；"（分号）。

在"分类号——主题词对应表"中，分号作为多个主题词或主题词串之间的分隔符号，例如，哲学；宗教。在"主题词——分类号对应表"中，作为多个分类号之间的分隔符号，例如，C976.1；|C91|；|F240|。

4."\"（斜杠）。

斜杠用于表示概念相交或概念限定主题词之间的组配，例如：企业管理\行政管理；英语\语法；法制史\中国。

5."| |"（双竖线）。

在"分类号——主题词对应表"中，当一个主题词对应于多个类目时，双竖线作为对应于非主要类目的指示，例如，|数理统计|、|劳动社会学|。在"主题词分类号对应表"中，用于表示主题词对应的次要类号，以区别于主要类号，例如，|C8|、|C91|、|F240|。

第 3 章 文献主题标引

3.1 文献主题标引的选词规则

3.1.1 书写规则

（1）用作文献检索标识的主题词称为标引词。标引词必须使用正式主题词，非正式主题词不得用作标引词，它只作为查找正式主题词的入口词。

例1：《国际贸易法》

正确的主题标引：贸易法—教材

错误的主题标引：国际贸易法—教材

原因：贸易法 D 国际贸易法

例2：《油气田地下地质学》

正确的主题标引：石油天然气地质

错误的主题标引：油气田地质

原因：石油天然气地质 D 油气田地质

例3：《九品官人法考论》

正确的主题标引：九品中正制—研究

错误的主题标引：九品官人法—研究

原因：九品中正制 D 九品官人法

（2）标引词的书写形式必须与词表中主题词的书写形式完全相同，不得随意改变，同时要避免标引词书写过程中的错、误、漏及别字等问题。

例如，人—机对话、氢—镍电池、"三个代表"、功能（语言学）、散打（武术）、七·七事变、五四运动、四·一二反革命政变（1927）、图象处理，不能误写成"人机对话、氢镍电池、三个代表、功能、散打、7·7事变、五·四运动、四一二反革命政变、图像处理"；"马克思主义、列宁主义、毛泽东思想"，不能误写成"马克思主义列宁主义毛泽东思想"。

正确的书写形式	错误的书写形式
人—机对话	人机对话
氢—镍电池	氢镍电池
"三个代表"	三个代表
功能（语言学）	功能
散打（武术）	散打
七·七事变	7·7事变
五四运动	五·四运动
四·一二反革命政变（1927）	四一二反革命政变
图象处理	图像处理
马克思主义、列宁主义、毛泽东思想	马克思主义列宁主义毛泽东思想

3.1.2 标引词选定次序

在选定标引词时，应根据下列次序依次选择：

（1）标引词应首先考虑选用专指的主题词。

（2）当没有合适的专指词时，应选用最直接、最相关的若干主题词进行组配。

（3）如果组配无法达到要求，应选用最直接的上位词标引。

（4）如果上位词仍不合适，应选用最相关的主题词进行靠词标引。

（5）对于词表中未收入的新主题概念或专用名词，可以采用自由词标引，以增加专指度。

（6）对于某些非常重要且标引频率极高的新主题概念，可以向《中国图书馆分类法》（以下简称《中图法》）编委会申请增词。

3.1.3　组配标引规则

见 3.2 主题词组配规则。

3.1.4　上位词标引规则

表达某主题概念，如词表中没有相应的专指词，也不能通过相应的主题词组配时，可选用最直接的上位词标引。当词表中有最直接的上位词时，不得使用间接的上位词标引。使用上位词标引，可满足检全率的要求，但会增加误检率，可以结合自由词标引，以增加专指度。

例 1：《獭兔高效养殖教材》

正确的主题标引：兔—饲养管理—教材

错误的主题标引：家畜—饲养管理—教材

自由词标引：獭兔

原因：兔 S 家畜

例 2：《图文精解双孢蘑菇栽培技术》

正确的主题标引：蘑菇—蔬菜园艺

错误的主题标引：食用菌—蔬菜园艺

自由词标引：双孢蘑菇

原因：蘑菇 S 食用菌

例 3：《蝴蝶兰》

正确的主题标引：兰科—栽培技术

错误的主题标引：花卉—栽培技术

自由词标引：蝴蝶兰

3.1.5　靠词标引规则

要想表达某主题概念，如果没有专指词可用，又不能组配标引和用直接上位词标引，可采用靠词标引，即选用与该主题概念关系最密切的词、近义词或反义词标引。靠词标引应与自由词标引相结合，以增加主题标引的专指度。

例1：《攀岩》

主题标引：攀登（登山运动）—高等学校—教材

自由词标引：攀岩

例2：《软式排球运动》

主题标引：排球运动—基本知识

自由词标引：软式排球

3.1.6　自由词标引规则

自由词是指未经规范化处理的，词表以外的自然语言词汇，如文献题名、文摘及正文中的关键词等。《中国分类主题词表》（以下简称《中分表》）是一种动态性的检索语言，要随着科学技术的发展不断修订、更新，但是总存在一个时差问题，肯定不能满足文献主题标引的所有需求。

自由词标引必须与组配标引、上位词标引、靠词标引配合使用，以增加检索入口，提高检全率、检准率。自由词的选用，也应做到词形简练、概念明确。在手工标题中，自由词是以说明语的形式，跟在相关标引词之后的，并用"，"（逗号）隔开；在机检标题中，自由词应填写在"610非控主题词（自由词）字段"，不得与正式主题词相混。

例1：《政府经济学基础》

主题标引：行政干预—经济学

自由词标引：政府经济学

例2：《共铸辉煌：北京市顺义区第一中学示范校建设纪实》

手工标题：中学，顺义区第一中学—学校管理—经验

机检标题：中学—学校管理—经验—顺义区

自由词标引：顺义区第一中学

例3：《滑板》

手工标题：文娱性体育活动，滑板运动—基本知识

机检标题：文娱性体育活动—基本知识

自由词标引：滑板运动

3.1.7　增词标引规则

如果某主题概念有较大的标引价值或检索价值，可以向《中图法》编委会申请增词。在增词标引获批准前，可以采取自由词标引与组配标引、上位词标引、靠词标引相结合的方式标引。例如，电子商务、电子政务、小尾寒羊、红掌等主题概念在《中分表》第一版并没有对应的专指词可用，但是《中分表》第二版中均将其收为正式主题词或非正式主题词。

例1：《电子商务概论》

《中分表》第一版主题标引：商业管理—计算机应用—概论

　　　　　　自由词标引：电子商务

《中分表》第二版主题标引：电子商务—概论

例2：《电子政务》

《中分表》第一版主题标引：互连网络—应用—国家行政机关—行政管理

　　　　　　自由词标引：电子政务

《中分表》第二版主题标引：电子政务

例3：《小尾寒羊高效饲养》

《中分表》第一版主题标引：绵羊—饲养管理—教材

　　　　　　自由词标引：小尾寒羊

《中分表》第二版主题标引：小尾寒羊—饲养管理—教材

《中分表》第二版：绵羊 F 小尾寒羊

例4：《红掌》

《中分表》第一版主题标引：宿根花卉—栽培

　　　　　　自由词标引：红掌

《中分表》第二版主题标引：安祖花—栽培技术

《中分表》第二版：红掌 Y 安祖花；栽培 Y 栽培技术

3.2 主题词组配规则

3.2.1 组配原理

组配是指在文献标引或检索过程中，按一定的规则，用两个或两个以上的主题词构成逻辑关系组合，以表达一个专指概念的方法。组配规则是文献主题标引规则的核心内容。

3.2.1.1 概念之间的关系

概念是人们对客观事物进行抽象，并以语词的形式表达它反映事物的本质特征。概念之间的关系按外延是否有重合，可分为相容关系和不相容关系两大类。

（1）相容关系包括以下 3 种：

①等同关系（同一关系），即概念 A 与概念 B 的外延完全重合。例如，脚踏车与自行车；水泥与洋灰等。

②属分关系（等级关系），即概念 A 的外延完全包含在概念 B 的外延之中。例如，汽车与轿车；电视机与彩色电视机；计算机与微型计算机等。

③交叉关系（部分重合关系），即概念 A 与概念 B 内涵不同，而外延有部分重合。例如，大屏幕电视机与液晶电视机；中国画与儿童画；夜间摄影与新闻摄影等。

（2）不相容关系包括以下两种：

①矛盾关系，即概念 A 与概念 B 是并列关系，它们外延的总和等于其属概念的全部外延。例如，黑白电视机与彩色电视机（电视机）；室内摄影与室外摄影（摄影）等。

②对立关系（反对关系），即概念 A 与概念 B 是并列关系，它们的外延总和小于其属概念的外延。例如，楷书与草书（书法）；佛教与基督教（宗教）等。

3.2.1.2 概念组配

概念组配是建立在概念逻辑关系的基础上，以概念的分析与综合为手段，以揭示概念的本质为目标，利用检索语言中已有的若干概念，组合起来表达一个新的专指概念的方法。概念组配是主题词法（叙词法）的基本原理，它能正确反映概念之间的逻辑关系，严密、确切地表达新主题的涵义。使用主题词标引文献和检索文献都应当使用概念组配的方法。

3.2.1.3 字面组配

字面组配是建立在概念字面分拆和字面拼接的基础上，注重表面词形的一致，而不强调概念内涵和逻辑关系的构词方法。字面组配的结果往往不能确切地表达一个新主题的涵义。

例：《中国道教石刻艺术史》

字面组配：道教—石刻—艺术史—中国

概念组配：道教—宗教石刻—雕塑史—中国

3.2.2 组配的类型

根据参与组配的主题词之间的逻辑关系，主题词组配可分为交叉组配、限定组配和联结组配 3 种基本类型。

3.2.2.1 交叉组配

用具有交叉关系的若干个主题词组合起来，表达一个新的专指主题概念的组配方法称为交叉组配，也称并列组配。交叉组配的方法是：首先将要标引的复杂主题概念分解成若干个简单的主题概念，这些简单的主题概念都是该复杂概念的属概念，并且在词表中均有对应的正式主题词。将这些主题词用"："（冒号）连接起来，组配成一个更专指的主题概念，这个新的主题概念是各参与组配概念的种概念，例如，企业财务管理（企业管理：财务管理）。用于交叉组配的主题词应大体是同级概念，具有属分关系的概念不能进行交叉组配，例如，汽车与轿车、电视机与彩色电视机、计算机与微型计算机。

例1：《钢管混凝土结构：理论与实践》

主题标引：钢管结构；混凝土结构

例2：《环境生物化学》

主题标引：环境化学；生物化学—高等学校—教材

例3：《医用有机化学》

主题标引：医用化学；有机化学—高等学校—教材

例4：《植物生物学》

正确的主题标引：植物学—高等教育—教材

错误的主题标引：植物学；生物学—高等教育—教材

原因：植物学 S 生物学

例5：《发展心理学：儿童与青少年》

正确的主题标引：儿童心理学—研究

青少年心理学—研究

错误的主题标引：儿童心理学；发展心理学—研究

青少年心理学；发展心理学—研究

原因：儿童心理学 S 发展心理学；青少年心理学 S 发展心理学

例6：《数控电火花线切割加工技术》

正确的主题标引：数控线切割

错误的主题标引：数控线切割；电火花线切割

原因：数控线切割 S 电火花线切割

3.2.2.2 限定组配

限定组配也称复分组配，是由一个表示事物的主题词和另一个（或几个）表示事物的部分，或表示事物的属性，或表示事物的某一方面的主题词，组合起来表达一个新专指概念的组配方法。限定组配以概念的限定为基础，通过对一个泛指的属概念进行层层的限定（加深概念的内涵，限制概念的外延），形成一个新的专指概念。限定组配使用"—"（短横）作为组配符号，例如，汽车—发动机。

3.2.2.3 联结组配

将两个或两个以上的主题概念，用一个具有构词功能的主题词联结起来，转化为表达这些主题概念特定联系的组配方法。参与组配的概念具有某种联系，但不具有交叉关系或限定关系，形成的新概念不具备新主题对象的特征。属于事物与事物的关系、比较、影响、作用、应用等类型的联系，应使用联结组配方式。组配时通常将应用的主题、用于比较的主题、发生影响的主题、产生作用的主题置于前面，将相应的功能词置于中间，使用"—"（短横）作为组配符号。需要注意的是，如果词表中已有表示某种关系的专指主题词，某些联结关系的组配就要改用限定关系组配。例如，中美关系、中日关系、气候影响、环境影响、计算机应用。

3.2.3 组配规则

组配标引是主题词法准确揭示文献主题的主要标引方法，使用《中分表》进行文献主题标引，应遵循一定的组配规则，以保证标引的准确性和一致性。下面具体介绍这些组配规则。

3.2.3.1 使用专指主题词组配

当词表中有表达某复杂主题概念的专指词时，不得使用其他主题词组配标引。

例1：《养猪生产技术手册》

正确的主题标引：养猪学

错误的主题标引：猪—饲养管理

例2：《鸡病防治技术问答》

正确的主题标引：鸡病—防治—基本知识

错误的主题标引：鸡—禽病—防治—基本知识

例3：《中老年学国画速成》

正确的主题标引：国画技法—老年大学—教材

错误的主题标引：中国画—绘画技法—老年大学—教材

3.2.3.2 主题词组配是概念组配,避免简单的字面组配

参加组配的主题词之间必须具有一定的逻辑关系,如概念交叉关系、概念限定关系、概念联结关系,不能进行简单的语词字面分拆和语词字面拼接。

例1:《冠心病最佳保健方案》

正确的主题标引:冠心病—防治

错误的主题标引:冠心病—保健

例2:《营区医学概论》

正确的主题标引:军事医学—军事院校—教材

错误的主题标引:营房—军事医学—军事院校—教材

自由词标引:营区医学

例3:《唐代科举诗研究》

提要:本书在前人唐诗研究成果的基础上,提出了科举诗的概念,首次对《全唐诗》中所收录的科举诗进行了考辨和梳理,对科举诗的思想内容、艺术表现方式及其在中国诗歌发展历程中的开拓意义进行了初步探讨。

正确的主题标引:唐诗—诗歌研究

错误的主题标引:科举制度—唐诗—诗歌研究

错误的主题标引:科举制度—诗歌研究—中国—唐代

自由词标引:科举诗

3.2.3.3 优先使用交叉组配

当表达一个复杂主题概念有几种组配形式可选择时,应优先采用交叉组配法,只有不能进行交叉组配时,才可使用限定组配法。例如,"企业财务管理"主题,使用"企业管理:财务管理"交叉组配标引,不能用"企业—财务管理;企业管理—财务"限定组配标引。

3.2.3.4 不能越级组配

当无专指主题词用以组配时,必须使用与文献主题概念关系最密切、最邻近的主题词进行组配。当有相应的专指主题词可用来组配时,不得使用该词的上位

词或下位词组配，以避免越级组配。

例1：《儿童维生素缺乏防治》

正确的主题标引：小儿疾病；维生素缺乏病—防治

错误的主题标引：小儿疾病；营养缺乏病—防治

错误的主题标引：小儿疾病；维生素D缺乏病—防治

原因：维生素缺乏病 S 营养缺乏病；维生素缺乏病 F 维生素D缺乏病

例2：《企业统计学》

正确的主题标引：企业统计—经济统计学

错误的主题标引：企业统计—统计学

原因：经济统计学 S 统计学

3.2.3.5 不得进行相互交叉组配或限定组配

具有矛盾关系、对立关系的主题词，不得进行相互交叉组配或限定组配。例如，黑白电视与彩色电视；楷书与草书；佛教与基督教。

3.2.3.6 组配的结果

组配的结果必须概念清楚、确切，只能具有一个含义，不能具有多义性。

若组配的结果可能产生歧义，应通过明确词序，或改用上位词标引、靠词标引与自由词标引相结合的方法加以处理，防止出现标引误差。

例1：《你的公司危险吗：企业经营预警管理》

正确的主题标引：企业管理—研究

错误的主题标引：企业管理—预警系统—研究

例2：《企业家常见病中医药防治指南》

正确的主题标引：常见病—中医治疗法

错误的主题标引：企业家—常见病—中医治疗法

3.2.3.7 分组标引方式

当一个复杂主题使用一个组配标题难以准确表达或超过规定的组配级别时，可以采用分组标引方式。

例1：《唐诗地图》

丛书："文化快旅"丛书

提要：本书介绍了唐诗中提到的诸多名胜古迹，如大雁塔、楼兰古国等，每一场景都附有诗、该景的照片和简短的小介绍。

主题标引：导游—中国

　　　　　唐诗—诗集

例2：《克孜尔石窟壁画精选·佛传故事》（张爱红绘）

主题标引：壁画—作品集—中国—现代

　　　　　克孜尔石窟—壁画—临本

张爱红：女，新疆艺术学院副教授，在龟兹石窟研究所任职，绘有《克孜尔石窟壁画精选》等。

例3：《世界史纲：中英双语·人文典藏》

主题标引：英语—汉语—对照读物

　　　　　世界史—通俗读物

3.2.3.8　组配符号及其使用

使用《中分表》进行文献主题标引，手检系统可使用下列组配符号。

（1）冒号"："。

①用于概念交叉组配。

②用于主题中若干相关联的并列主题因素的组配，只限于地区等主题因素使用。这种组配不是为了形成新的专指概念，而是表达与标题中主体因素相关联的主题概念，使标题的含义更加明确。

（2）短横"—"。

用于概念限定组配及概念联结组配。

（3）逗号"，"。

用于概念说明限定组配（倒装说明语）。

（4）起止号"～"。

用于时间、年代之间的连结符号。例如：1900～2000。

3.2.3.9 组配的词序

确定和规范主题词的组配词序，是为了正确表达主题词之间的逻辑关系，有助于用户掌握查找的规律和对标题的判读；有助于保证主题款目的一致性，提高标引的准确性，避免出现错误的组配关系。主题词组配时，应以《文献主题标引规则》（GB/T 3860—1983）、《文献叙词标引规则》（GB/T 3860—1995）中关于主题构成因素及其序列：主体因素—通用因素—位置因素—时间因素—文献类型因素，作为组配词序的基本依据。

3.2.3.10 组配级别及标题数量

一种文献在检索工具中所具有的检索款目的数量（或检索工具中全部文献所具有的检索款目平均值）称为检索深度。标题的组配级别，一般控制在六级以内（即用6个主题词组配）。一种文献的标题数量，一般控制在6个以内。

3.2.4 主标题的确定

标题是主题目录或主题索引款目著录的标目，是由主题词或主题词的逻辑组合描述文献主要内容、提供文献主要检索途径的主题标识。标题一般由主标题和各级副标题组成。主标题表达文献的主要研究对象，提供主要检索途径；副标题是对主标题的复分或限定，表达主标题的某个方面，提供次要检索途径。由于在一个标题中主标题是排检的依据、检索的入口，并且决定着主题词的组配词序，因此在主题标引中必须根据一定的规则，对主标题和副标题加以选择。

主标题一般是表示文献研究对象（事物、学科、问题）并有独立检索意义的主题词。表达事物的属性、材料、操作、状态、过程、空间、时间、文献类型的主题词，一般应选作副标题，但当它们成为研究对象时，可选作主标题。

3.3 单主题和多主题的标引

根据文献中论述主题数量的多少，可将文献主题划分为单主题和多主题。

3.3.1 单主题的标引

单主题是指一篇文献只研究一个中心问题或事物，即一个主题。依据文献主题中主题概念因素的数量，单主题可以分为单元主题和复合主题两种类型。

3.3.1.1 单元主题的标引

单元主题是指只含有一个主题因素（不含文献类型因素）的主题。单元主题用一个基本概念就可以概括，直接用相应的主题词标引。例如，量子力学、物理化学。

3.3.1.2 复合主题的标引

复合主题是指由两个或两个以上主题因素结合构成的主题。在进行主题标引时，要根据词表收词情况将复合主题进行分解，然后选取相应的主题词组配标引，部分复合主题也可用一个主题词直接标引。按文献主题构成因素之间的关系，复合主题可划分为概念交叉型复合主题和概念限定型复合主题两类。

（1）概念交叉型复合主题的标引。

概念交叉型复合主题是指组成主题的诸概念因素是交叉关系。对于主题标引，要注意的是概念因素的分解要以词表收词情况为依据，有专指词时要用专指词标引，没有专指词时应采用组配标引。例如，军用雷达：车载雷达；大屏幕电视机：液晶电视机；预应力混凝土结构。

（2）概念限定型复合主题的标引。

概念限定型复合主题是指组成主题的诸概念之间存在层层限定的关系。主题标引应以文献的研究对象为主标题，以限定因素如方面、方法、地域、时间、文献类型等为副标题。例如，微型计算机—维修；微型计算机—组装。

3.3.2 多主题的标引

多主题是指一篇文献同时研究两个或两个以上事物或问题，即多个主题。根据主题之间的关系，可以分为并列关系主题、从属关系主题、影响关系主题、应用关系主题、比较关系主题、因果关系主题和相互关系主题等几种类型，除并列关系主题与从属关系主题外统称联结型主题。

3.3.2.1　并列关系主题的标引

并列关系主题是指文献同时论述两个或两个以上各自独立的主题。在进行主题标引时，首先将并列关系主题分解为两个或两个以上单主题，然后再分别按单主题标引。如果标引深度超过本手册规定，可以采取概括标引或选择几个并列的单主题进行重点标引。

例1：《概率论与数理统计》

主题标引：概率论—高等教育—教材

　　　　　数理统计—高等教育—教材

例2：《西瓜甜瓜优质高效栽培新技术》

主题标引：西瓜—栽培技术

　　　　　甜瓜—栽培技术

例3：《毛泽东思想、邓小平理论和"三个代表"重要思想概论》

主题标引：毛泽东思想—概论

　　　　　邓小平理论—概论

　　　　　"三个代表"—概论

3.3.2.2　从属关系主题的标引

从属关系主题是指文献各主题之间有包含关系、属种关系或整体与部分关系。在进行主题标引时，一般先按大主题标引，再按小主题标引；若论述的重点是小主题，可直接按小主题标引。

例1：《统计学原理与现代企业统计》

主题标引：统计学

　　　　　企业统计

例2：《美学与医学美学》

主题标引：医学美学—高等学校—教材

3.3.2.3 影响关系主题的标引

影响关系主题是指文献内容涉及几个主题，其中一个主题对另一个或多个主题产生影响，或者多个主题对一个主题产生影响，或者各主题之间互相影响。在进行主题标引时，以产生影响的主题为主标题，以"影响"一词为连结词（如果词表中有"××影响"专指词，应用专指词标引），以被影响的主题为副标题。

例1：《民族精神与中国特色的企业文化》

主题标引：民族精神—影响—企业文化—研究—中国

例2：《烟民保健直通车》

主题标引：吸烟—影响—健康—基本知识

例3：《非典心理综合征防治手册》

主题标引：严重急性呼吸系统综合症—心理影响

例4：《环境与健康》

主题标引：环境影响—健康

3.3.2.4 应用关系主题的标引

应用关系主题是指在文献诸主题中，一个主题应用于另一个或多个主题，或几个主题共同应用于另一个主题。论述一个主题在另一个主题中应用的文献，其主题标引，以被应用的主题为主标题，以"应用"为连结词（如果词表中有"××应用"专指词，应用专指词标引），以应用到的主题为副标题。论述一个主题在多方面应用的文献，其主题标引，以被应用主题为主标题，以"应用"或"××应用"为副标题作概括标引。

例1：《地理信息系统在中国粮食生产研究中的应用》

主题标引：地理信息系统—应用—粮食—作物经济—研究—中国

例2：《微波在有机和医药化学中的应用》

主题标引：微波技术—应用—有机化学
　　　　　微波技术—应用—药物化学

例 3：《玩转软音源》

丛书：酷玩电脑音乐教室

主题标引：计算机应用—音乐制作

例 4：《科学技术中的小波分析》

主题标引：调和分析—应用

非控主题词：小波分析

例 5：《微型计算机应用》

主题标引：微型计算机—计算机应用

例 6：《应用光学》

主题标引：应用光学—高等学校—教材

3.3.2.5 比较关系主题的标引

比较关系主题是指文献中多个主题之间具有相互比较优劣或异同的关系。在进行主题标引时，以其中一个主题为主标题，以"对比研究"为副标题，以另一主题为副副标题。如果比较的主题属于地域，则以比较的内容为主标题，以"对比研究"为副标题（如果词表中有"比较××"专指词，应用专指词标引），以"："连结相互比较的地区作副副标题。

例 1：《英汉对比研究论文集》

主题标引：英语—对比研究—汉语

例 2：《土地利用变化区域对比研究：以闽台为例》

主题标引：土地利用—对比研究—福建：台湾

例 3：《中国区域经济发展比较研究》

主题标引：区域经济发展—对比研究—中国

例 4：《华人妇女家庭地位：台湾、天津、上海、香港之比较》

主题标引：家庭—妇女地位—对比研究—中国

例 5：《中国大陆与港、澳、台继承法比较研究》

主题标引：继承法—对比研究—中国

例 6：《中日矫正理念与实务比较研究》

主题标引：监狱制度—对比研究—中国：日本

例 7：《东西方民族性格比较地图》

主题标引：民族性—对比研究—世界

例 8：《中西比较美学论稿》

主题标引：比较美学—中国：西方国家

3.3.2.6　因果关系主题的标引

因果关系主题是指文献内容涉及几个主题，其中一个主题是另一个或多个主题产生的原因，或者一个主题是另一个或多个主题产生的结果。在进行主题标引时，以原因为主标题，以结果为副标题；如果词表中有先组词，应优先选用。

例 1：《营养医生话补钙》

主题标引：钙—营养缺乏病—基本知识

例 2：《糖尿病眼病》

主题标引：糖尿病—并发症—眼病—诊疗

例 3：《糖尿病骨代谢病的防治》

主题标引：糖尿病—并发症—骨疾病：代谢病—防治

例 4：《糖尿病性肾病》

主题标引：糖尿病肾病—诊疗

3.3.2.7　相互关系主题的标引

相互关系主题是指文献中的几个主题之间相互关联，包括它们之间的联系、异同、相互作用等。在进行主题标引时，一般以其中一个主题为主标题，以"关系"等为连结词（如果词表中有"××关系"专指词，应用专指词标引），以另一个主题为副标题。

例 1：《软战争：信息时代政治战探析》

主题标引：军事—关系—政治—研究

例 2：《买办与上海金融近代化》

主题标引：买办资产阶级—关系—金融事业—上海—近代

例 3：《百年中俄关系》

主题标引：中俄关系—国际关系史—研究— 20 世纪

例 4：《中葡关系史：1513—1999》

主题标引：中外关系—国际关系史—葡萄牙— 1513 ～ 1999

例 5：《美国和拉丁美洲关系史》

主题标引：国际关系史—美国：拉丁美洲

例 6：《中国与东亚的经济关系》

主题标引：中外关系：国际经济关系—研究—东亚

例 7：《论宋元时期的中日文化交流及相互影响》

主题标引：中日关系—文化交流—文化史—研究—宋元时期

例 8：《组织—生物材料相互作用导论》

主题标引：生物材料—相互作用—组织（生物学）—概论

例 9：《粤港澳经济关系走向研究》

主题标引：地方经济—经济合作—研究—广东：香港：澳门

3.4 各种主题因素的标引

主题因素是构成文献主题的基本概念单元。单元主题只含有一个主题因素，表达一种简单的主题概念，无须进行主题因素的分解与组配。复合主题由多个主题因素组成，表达一种复杂的主题概念，分析主题结构，主要是针对复合主题而言的。

一个复杂的文献主题概念是由若干个简单主题因素构成的。《文献主题标引规则》（GB/T3860—1983）、《文献叙词标引规则》（GB/T3860—1995）中规定：主题构成的因素及其序列可分为主体因素 A、通用因素 B、位置因素 C、时间因素 D、文献类型因素 E 共 5 种。在这 5 种主题因素中，主体因素是文献主题中必不可少的因素，是文献标引的重点，其他 4 种因素都是对主体因素起修饰限定作用的因素，是文献主题中的辅助因素，是标引的非重点。需要指出的是，不是每一个文献主题中都含有这4种因素，究竟一个文献主题中含有几种主题因素，应就文献主题的具体情况而定。

例1：《正说明朝十八臣：图文版》

主题标引：大臣—生平事迹—中国—明代

例2：《中国公民读本》

主题标引：公民教育—中国—学习参考资料

3.4.1 主体因素的标引

所谓主体因素，是指文献主题结构中的主体部分，即文献所研究和论述的主题中关键性的主题概念。文献标引应先抓住文献的主体因素，以主体因素为文献标引的主要着眼点。在有些复杂主题的主体面中，构成主体因素的主题概念往往不止一个，根据主题因素的构成情况，可再将其划分为对象因素A1、方面因素A2、方法因素A3、结果因素A4、条件因素A5共5个范畴。在这5个范畴中，对象因素是中心因素，不可或缺，其他因素均为对中心因素起修饰作用的辅助因素，视情况而存在，但都具有独立的检索意义。为了提高主题标题的可读性，主体因素的组配词序与自然语言语序一致。

例1：《中国共产党唐山历史大事记：1992.1～2000.12》

主题标引：中国共产党—党史—大事记—唐山—1992～2000

对象因素是文献研究的对象，包括事物及其组成部分、学科、问题、现象、人物、组织机构等主题因素。一个文献主题只能有一个对象因素，在进行主题标引时，对象因素是主标题。但是，由于《中分表》是叙词表，对象因素有时不能用一个专指词表示，必须组配标引。此时，主标题应为组配标引的整体，手检标题可以通过轮排成为排检入口，机检标题均为检索词。

例2：《男性心理枕边书：洞察男人心理要掌握的200个常识》

主题标引：男性—心理学—通俗读物

例3：《社区护理学概论》

主题标引：社区—护理学

例 4：《肉鹅高效益养殖技术》

主题标引：肉用型—鹅—饲养管理

例 5：《燃气空调技术》

主题标引：气体燃料—集中式空气调节器

例 6：《家族企业经营管理》

主题标引：家族—私营企业—企业管理—研究

3.4.2 通用因素的标引

通用因素是指文献主题中反映其次要特征或属性的因素，只对主体因素起细分作用。通用因素一般为单元词，无独立的检索意义，不能作为读者查找文献的入口。例如，研究、设备、调查、设计、演变、方案、总结、进展、概况、制造、性质、作用、分析、工艺等泛指主题概念均为通用因素。

例 1：《宋明理学中的"孔颜之乐"问题》

主题标引：理学—研究

例 2：《颐和园志》

主题标引：颐和园—概况

3.4.3 位置因素的标引

位置因素是指文献研究和论述的对象、问题等所处的空间或地理位置的主题因素，包括国家、地区、地域、方位等主题因素。位置因素是文献标引的辅助标准，一般不具有独立的检索意义，也不作为检索入口。在文献主题中，位置因素是从地理位置方面对主体因素的一种限定和修饰，一般情况下不作为主标题使用。

例 1：《中国音乐史》

主题标引：音乐史—中国

例 2：《日本人凭什么》

主题标引：民族性—研究—日本

1. 在历史、地理等类文献中，国家、地域等常成为主体因素，这时它们均具有重要的检索价值，应作为主标题。

（1）全面论述某一地区历史或概况的文献应以地理名称主题词为主标题，以"历史"和"概况"等主题词为副标题。

例1：《古印度简史》

主题标引：印度—古代史

例2：《话本苏州简史》

主题标引：苏州—地方史—史料

例3：《搜索成都》

主题标引：成都—概况

（2）自然地理名称是作为研究对象出现在文献中的，具有独立的检索意义，应作为主标题。

例1：《珠江三角洲环境保护规划》

主题标引：珠江三角洲—环境保护规划

例2：《长江流域水土保持生态修复的实践与发展》

主题标引：长江流域—水土保持—研究

2. 标引位置因素时应注意的问题。

（1）冠有地理名称的专有名词主题词，应以专有名词主题词作为标引词，不得用泛指词与地名组配标引。

例1：《南京大学百年史》

正确的主题标引：南京大学—校史

错误的主题标引：高等学校—校史—南京

例2：《青海湖漫话》

正确的主题标引：青海湖—概况

错误的主题标引：湖泊—概况—青海

（2）如果文献题名中的地理名称不是文献主题中主体因素所处的空间或位置，则无检索意义，不予标引。

例1：《北京国际地质力学大会论文集》

正确的主题标引：地质力学—文集

错误的主题标引：地质力学—<u>北京</u>—文集

例2：《第八届全国高层建筑结构学术交流会论文集》

正确的主题标引：高层建筑—建筑结构—文集

错误的主题标引：高层建筑—建筑结构—<u>中国</u>—学术会议—文集

例3：《技术哲学的研究纲领：中国技术哲学第十届年会论文集》

正确的主题标引：技术哲学—文集

错误的主题标引：技术哲学—<u>中国</u>—文集

例4：《美国冠心病诊断与治疗指南》

正确的主题标引：冠心病—诊疗

错误的主题标引：冠心病—诊疗—<u>美国</u>

（3）主题词已含位置因素的，不再标引位置因素，例如，中国文学、中国历史、中国经济、中国经济史、科举制度、九品中正制、土司制度等。

例1：《中国经济史纲要》

正确的主题标引：中国经济史—高等教育—教材

错误的主题标引：中国经济史—<u>中国</u>—高等教育—教材

例2：《中国科举制度研究》

正确的主题标引：科举制度—研究

错误的主题标引：科举制度—研究—<u>中国</u>

例3：《明代科举制度考论》

主题标引：科举制度—研究—<u>中国</u>—明代

例4：《宣恩土司概观》

主题标引：土司制度—研究—<u>宣恩县</u>

3.4.4 时间因素的标引

时间因素是指事物、对象、问题、现象、状态所处的时间范围，包括年代、时代、朝代、时期等时间概念。在进行主题标引时，时间因素通常不能作为主标题。

例1：《1937年的故事》

主题标引：世界史—历史事件— 1937

例 2：《近代中国政治思想史》

主题标引：政治思想史—中国—近代

例 3：《大明帝王揭秘》

主题标引：皇帝—生平事迹—中国—明代

例 4：《虚构与现实：二十世纪美国文学》

主题标引：现代文学史—美国— 20 世纪

1. 当文献论述某一个朝代的历史时，应以朝代主题词为主标题。地质年代（寒武纪、石炭纪、白垩纪、侏罗纪、第四纪等）有独立的检索意义，不能按时间因素处理，应按主体因素标引，可以作为主标题。

例 1：《元史研究新论》

主题标引：元代—历史—研究

例 2：《自贡地区侏罗纪恐龙动物群》

正确的主题标引：侏罗纪—恐龙化石—研究—自贡

错误的主题标引：恐龙化石—研究—自贡—侏罗纪

2. 如果文献题名中的时间不是文献主题中主体因素所处的时间范围，则无检索意义，不予标引。

例 1：《2007 中国控制与决策学术年会论文集》

正确的主题标引：自动控制理论—文集

　　　　　　　　决策学—文集

错误的主题标引：自动控制理论— 2007 —文集

　　　　　　　　决策学— 2007 —文集

例 2：《创新型人才培养的理论与实践：四川省高等教育学会 2006 年学术年会论文集》

正确的主题标引：高等教育—文集

错误的主题标引：高等教育— 2006 —文集

例 3：《国际人道法文选 . 2001—2002》

正确的主题标引：战争法—文集

错误的主题标引：战争法—2001～2002—文集

3. 文献主题标引应注意，当主体因素主题词含有时间属性时，无须重复标引时间因素。比如唐诗、五代词、唐宋词、宋词、古汉语、现代汉语、古代文学史、现代文学史、阿拉伯帝国等主题词均有时间属性。

例1：《唐宋词鉴赏》

正确的主题标引：唐宋词—鉴赏

错误的主题标引：唐宋词—鉴赏—唐代

错误的主题标引：唐宋词—鉴赏—宋代

例2：《中国古代文学史》

正确的主题标引：中国文学—古代文学史

错误的主题标引：中国文学—古代文学史—古代

例3：《阿拉伯帝国》

正确的主题标引：阿拉伯帝国—历史

错误的主题标引：阿拉伯帝国—历史—632～1094

例4：《李清照集》

正确的主题标引：宋词—作品集—中国—南宋

错误的主题标引：宋词—作品集

3.4.5　文献类型因素的标引

文献类型因素是指表示主题的文献形式特征方面的概念。在进行主题标引时，文献类型因素一般不能作为主标题。

例1：《九品中正制略论稿》

主题标引：九品中正制—文集

例2：《心理热线实用手册》

主题标引：心理咨询—手册

例3：《英国文学简史：英文版》

主题标引：英国文学—文学史—高等教育—教材—英文

1. 当以某种文献类型为研究对象时，该文献类型应作为主体因素标引。

例1：《年鉴编纂实用手册》

主题标引：年鉴—编辑工作—手册

例2：《中国古代的类书》

主题标引：百科全书—简介—中国—古代

例3：《走近日本教科书制度》

主题标引：教材—制度—研究—日本

2. 常见的文献类型主题词。

教材、教学参考资料、自学参考资料、升学参考资料、讲座、习题、习题集、试题、题解、普及读物、通俗读物、儿童读物、少儿读物、少年读物、青年读物、中老年读物、男性读物、女性读物、语言读物、对照读物、启蒙读物、摄影集、图集、图谱、图解、表解、文集、选集、汇编、会议资料、研究资料、史料、丛书、丛刊、年鉴、年报、年表、年刊、期刊、词典、百科词典、百科全书、手册、技术手册、名录、纪事本末体、编年体、纪传体、缩写、索引、中文、英文、日文。

第 4 章　文献分类标引

4.1　文献分类的质量管理

　　文献分类工作既具体、繁杂、细密，又要求有很强的系统性、连续性、一致性，是一项富有科学性和技术性的工作。只有科学有效地组织，进行规范化管理，才能保障文献分类工作的质量。文献分类质量管理，贯穿在文献分类工作的每个环节，包括文献分类工作流程的制定、文献分类细则的制定、分类质量标准的制定、编目规章制度的制定，以及分类人员素质要求及业务培训等。

　　文献分类质量标准是文献分类质量管理的依据，文献分类的质量标准可概括为准确、一致、实用、兼容 4 个方面。

　　（1）准确：一是指文献主题分析要准确，要准确、全面、充分地分析出文献研究的对象及其学科专业属性，准确地判断主要内容与次要内容，提炼有价值的隐含内容和有检索意义的外表特征；二是指归类要准确，根据文献主题分析的结果，将其归入分类法恰当的类目，这要求能准确地把握类目体系及各个类目的内涵、外延；三是指组号要正确，当某种主题被归入某一类目后，往往还要进行不同层次的仿分、复分、组配等细分，应保证最后获得的分类标识的准确性，否则前功尽弃。

　　（2）一致：一致是指不同分类人员或同一分类人员在不同时间对同一主题文献归类的一致性，包括主题分析的一致、标引深度和标引专指度的一致、同一类型文献分类方法的一致等。

（3）实用：实用是指文献分类要有针对性，也就是将文献归入对完成本馆任务最有利的类。为此要考虑本馆的性质、服务范围、学科与专业特点、读者群的层次与需求特点等，结合文献写作的目的、宗旨，运用多种手段充分揭示文献中符合本馆读者需要的情报内容，使文献发挥最大的作用。

（4）兼容：兼容是指在强调准确、一致、实用归类的同时，还要兼顾一般需要和特殊需要、检索需要和藏书组织需要、手工编目和计算机编目，以及本馆需要和文献资源共享。

4.2 文献分类工作程序

4.2.1 文献分类查重

利用公务书名目录或计算机检索系统，查明待分类的文献与已入藏文献的关系：是否为已入藏文献的复本，即与其书名、作者、版次完全相同；是否为已入藏文献的不同版本，包括不同的译本、不同的版次、多卷书的不同卷次或续编、不同的载体形式等。然后区别不同的情况加以处理。其中"复本"的定义各馆可自行规定，比如同一文献的不同装帧形式、同一版次的不同定价本（印次不同）是否作为复本，各馆有不同的规定。经查重后确认为新书，则进入下一个流程。

查重工作是文献分类的第一步，不但是保证将同一主题文献归入相同的类目，使某文献的不同版本、不同卷册能够集中的重要措施，而且可以避免重复劳动。

4.2.2 文献内容分析

对文献分类，首先要查明文献的中心内容，即文献的研究对象及其学科或专业性质，弄清文献的写作目的、用途等。文献内容分析一般有 4 种方法，下面分别介绍。

1. 分析题名（书名或刊名或篇名）。文献题名对主题分析有重要的参考价值，一般是作者对文献中心内容的概括及写作目的的表达。但有时题名不能准确或直接反映文献的中心内容，因此，不能把题名作为主题分析的唯一依据。

例 1：《长安史学．第三辑》

提要：本书汇集了陕西师范大学历史系教授的史学研究成果，包括《中国古都与中华文化关系研究》《十六国夏国新建城邑考》《论秦都咸阳的城郊范围》《清代西安城会馆的初步研究》等。

正确的主题标引：中国历史—研究

错误的主题标引：长安（历史地名）—地方史

分类标引：K207

例 2：《国际植物命名法规：维也纳法规·中文版》

正确的主题标引：植物—命名法—世界

错误的主题标引：植物—命名法—法规—世界

分类标引：Q949-65

例 3：《文学世界》

提要：本书回答了"为什么说人类需要文学""为什么说文学是语言的艺术""为什么说没有感情就没有文学""为什么说形象是文学的基本存在方式"等 122 个有关文学方面的科学知识问题。

正确的主题标引：文学—基本知识

错误的主题标引：世界文学—基本知识

分类标引：I-49

例 4：《消费教育》

正确的主题标引：消费—研究

错误的主题标引：消费—教育—研究

错误的主题标引：教育消费—研究

分类标引：C913.3

2. 阅读文摘、内容提要。通过阅读提要、文摘、序、跋、浏览目次、文内标题、图表、附录、参考文献目录等，把握文献的概貌，明确文献的内容范围和重点，弄清楚写作目的、写作过程和编写的方法等。

3. 浏览正文。以上信息如不能满足主题分析的要求，还要浏览正文，以便进一步了解文献论述的范围、重点及其学科属性等。

4. 借助参考工具书或请教专家，弄清楚文献论述对象、研究方法及手段、学科属性等不清楚的概念。

4.2.3 文献主题提炼及选择

弄清楚了文献论述的中心内容，还要深入分析文献内容的组成要素，将其归纳成若干主题概念，再结合本馆的需求选择哪些主题因素予以标引，哪些主题不予标引。在主题概念的提炼和选择中应注意以下几点：

（1）注意隐含概念的分析。

（2）注意区分主要主题与次要主题。

（3）注意区分专业主题与相关主题。凡属专业主题都应予以揭示，不管其是主要主题还是次要主题、显性主题还是隐含主题。

（4）在众多主题的确定和取舍过程中，要注意参考《中图法》类目的划分标准和使用次序。如果文献某主题因素没有被作为《中图法》的分类标准，那么用《中图法》的类号就不能专指地揭示该文献的主题。

4.2.4 归类

首先，根据文献主要主题的学科属性，在分类表中选定与之相符的类目，确定分类号码，这是该文献的主要分类号。其次，还要根据主题分析的结果，决定是否给出互见分类号、分析分类号。

4.2.5 编制同类书的书次号

在确定文献分类号后，要进一步编制同类书的书次号，以便编制手工分类检索工具。如果馆藏文献采用分类排架，还需要编制索书号，索书号由排架分类号和书次号组成。

4.2.6 分类复核

文献分类在确定分类号和书次号后，应再进行复核检查，以保证分类的质量。复核检查包括文献主题分析的正确性、充分性，归入类目是否正确，分类号组合是否正确等。使用统一编目卡片或套录编目中心机读数据的,要对其分类号进行审核,以确定本馆是否采用,以及是否增加新的互见分类号或分析分类号等。

4.3 文献分类基本规则

文献分类规则根据适用的范围,可分为 3 个层次,即基本规则、一般规则和特殊规则。文献分类基本规则是指贯穿在整个分类标引工作中通用的原则和方法。在长期分类标引工作实践中,人们为了避免分歧、减少错误,使分类方取得基本一致,总结出了文献分类标引的基本规律,概括成大家公认并共同遵守的若干规则,这就是文献分类的基本规则。制定和遵守文献分类的基本规则,是保证分类标引质量、实现文献资源共享的必要条件,也为各图书情报部门制定文献分类细则提供了共同的依据。

4.3.1 文献分类必须以文献内容的学科或专业属性为主要标准

这是文献分类中最重要的原则,也是与主题标引以"事物"为主要标准的基本区别。只有以内容的学科属性为分类的主要标准,才能把众多的文献纳入既定的科学(知识)分类体系,按学科或专业属性聚类,形成分类法特有的系统检索功能。文献的空间、时间、民族、形式(体裁)等特征是分类的辅助标准,只有按文献的学科内容分类不适用时,才能按文献的其他特征分类。

例如,《微积分》属于自然科学中的数学范畴,应归入数学类,数学分析类下的 O172 微积分。

4.3.2 文献分类要遵守所用分类法的规定,体现系统性和逻辑性

不同的分类法有不同的体系结构和分类规则,对于同一主题的文献,分类方法可能有所不同。《中图法》有特定的系统性和逻辑性,文献分类必须体现分类法的系统性和逻辑性。分类法上、下位类的从属属性、同位类的并列属性、类目涵义受类目体系限定的逻辑关系、总论与专论的处理原则等,都应体现在分类标引中。

4.3.3 文献分类的专指性原则

文献分类必须符合专指要求，应把文献分入恰如其分的类目，而不能分入范围大于或小于文献实际内容的类目。只有当分类表中无确切类目时，才能分入范围较大的类目（上位类目）或与文献内容最密切的相关类目。该原则与文献分类表使用的版本有关。

4.3.4 文献分类的实用性原则

文献分类标引必须使文献能"尽其用"，即符合实用性要求。应根据文献的具体内容和实际用途（包括潜在的用途），结合图书馆性质、任务，在检索系统中提供必要数量的、切合实际需要的检索途径。对于涉及多个类目的文献，在分类标引时，应利用互见分类、分析分类等方法尽可能作全面反映。若一个文献主题在分类表中设有两个可选择使用的类目（交替类目），专业单位可选用其中一个对本单位更有用的类目，一般图书馆或联合编目机构应选用分类表推荐使用的类目。

4.3.5 文献分类的一致性原则

文献分类的一致性原则，是指把内容相同的文献归入相同的类，这里既包括逻辑性原则，又包括实用性原则。分类法结构体系、类目编列的复杂性，文献著述的多样性和内容的交叉性，分类人员对分类规则、类目涵义、文献主题理解的歧义性，都造成文献分类一致性的困难。除了从人员素质、规章制度方面加以保障外，各单位还要通过分类规范文档，把某类、某种难以确定类属的主题，人为地集中到某类，不要分散到各类中。

4.3.6 文献分类的思想性原则

分类哲学、社会科学门类的理论文献时，应注意其政治思想倾向，对某些著作有必要进行观点区分时，可使用总论复分号"–08 资产阶级理论及其评论研究"予以区分，但不要扩大范围。凡属于不同的学术观点、不同的宗教信仰、不同的道德观点的阐述，一般不予区分。

4.4 文献分类的一般规则

文献分类的一般规则，是指有关某种主题形式、某种文献类型的分类规则。不同主题形式文献的分类，重点在于文献主题分析和文献分类基本原则的掌握，但不同类型的主题有不同的分类方法。

4.4.1 单主题文献的分类

单主题是指一篇文献只研究一个中心问题或事物，即一个主题。它根据构成主题概念因素的数量，可划分为单元主题和复合主题。单元主题是指只含有一个主题因素（不含文献类型因素）的主题。复合主题是指由两个或两个以上主题因素结合构成的主题。

4.4.1.1 单元主题文献的分类

（1）对某一事物或问题的综合研究，或同时从多个学科角度研究该事物或问题的文献，应按该事物或问题的学科属性归类。例如：

《儿科学》，入 R 医药、卫生类中的"R72 儿科学"。

《图书馆学概论》，入 G 文化、科学、教育、体育，G2 信息与知识传播，G25 图书馆事业、信息事业类中的"G250.1 图书馆学"。

（2）分别从不同学科角度论述某主题的文献，应根据研究角度归入各有关学科。例如：

《普通昆虫学》（从生物科学角度研究"昆虫"），入"Q96 昆虫学"。

《农业昆虫学》（从农业害虫角度研究"昆虫"），入"S186 农业昆虫学"。

《现代医学昆虫学》（从传病昆虫角度研究"昆虫"），入"R384 医学昆虫学"。

《森林昆虫学》（从森林昆虫角度研究"昆虫"），入"S718.7 森林昆虫学"。

4.4.1.2 复合主题文献的分类

（1）复合主题包括两个或两个以上的概念因素。主题的概念因素有：主体因素（事物或问题，以及组成部分）、通用因素（事物的方面，包括状态、过程、性质、材料等）、位置因素、时间因素、文献类型因素。复合主题文献首先依据主体因素的研究角度归入某学科或专业，然后根据其他因素归入该学科的有关类目。例如：

《鸡配合饲料》，先依主体因素的研究角度归入 S83 家禽、S831 鸡，再依主体因素的方面归入 S831.5 饲料与营养。

（2）当主体因素（事物）所在的类目不再细分时，有关该事物各主题因素（各个方面）的文献就归入该事物类下。例如，"R734.2 肺肿瘤"为最下位类，不再细分，那么有关肺肿瘤、肺癌各方面的文献均入此，如《肺癌最新实用诊断与治疗》《肺癌防治与康复》等。但是，肺癌的护理入"R473.73 肿瘤科护理学"。

（3）研究一个主题的两个方面的文献，根据作者论述重点或写作目的归类。不能辨别其重点的（一般情况下），则按之前的主题因素归类，并在另一个类做互见分类。例如：

《肺结核的预防与康复》，重点论述"康复"，归入 R521.09，不入 R521.01。

《土壤分析与改良》，不能辨别其重点，归入 S151.9 土壤分析，互见分类 S156 土壤改良。

（4）研究一个主题多个方面的文献，归入能概括它们的上位类。没有共同上位类的，则按重点归类或在有关各类同时反映。例如：

《铅酸蓄电池的设计制造、使用和修理》，入上位类 TM912.1 酸性蓄电池。

《小麦病虫草鼠害综合治理》，入 S435.12 麦类病虫害（小麦病虫害入此），或再加互见分类 S451.22 旱田作物化学除草（S451.22+1 麦田化学除草）、S443 鼠害。

4.4.2 多主题文献的分类

多主题是指一篇文献同时研究两个或两个以上事物或问题，即研究多个主题。根据各主题之间的关系，可划分为并列关系主题、从属关系主题、影响关系主题、应用关系主题、比较关系主题、因果关系主题、相互关系主题等。

4.4.2.1 并列关系主题的分类

并列关系主题是指文献同时论述两个或两个以上各自独立的主题。文献分类标引有以下两种情况：

（1）具有两个并列主题的文献，根据论述的重点或写作目的归类；若不能辨别其重点，则按前一个主题的学科属性归类，并为另一个主题作互见分类。例如：

《无机及分析化学》，入 O61 无机化学，并在 O65 分析化学类下作互见分类。

《组织学与胚胎学》，入 R329 人体组织学，并在 R321 人体胚胎学（人体胎生学、发生学）类下作互见分类。

（2）具有 3 个以上并列主题的文献，归入能概括它们的上位类，必要时为其中有关的主题作互见分类；如果没有较直接的共同上位类，则根据论述的重点、写作目的或先后次序归类，并为其他主题作互见分类；论述多个主题多个方面的文献，归入能概括它们的上位类，如果一个上位类不能概括，可在另一个上位类作互见分类。例如：

《鸡鸭鹅饲养新技术》，入上位类 S83 家禽。

《鸡鸭兔鹅养殖技术》，根据论述的重点入上位类 S83 家禽，并在 S829.1 兔作互见分类。

《板栗 核桃 枣 山楂 杏栽培与病虫害防治》，入第一个共同上位类 S66 果树园艺，并在另一个共同上位类 S436.6 果树病虫害下作互见分类。

4.4.2.2 从属关系主题的分类

从属关系主题是指文献各主题之间有包含关系、属种关系或整体与部分关系。具有从属关系的主题，一般依较大、较全的主题归类，必要时可为小主题作分析分类。若论述的重点是小主题，则依小主题的学科属性归类。例如：

《物理化学及胶体化学》，入大主题 O64 物理化学（理论化学）、化学物理学，并为小主题作分析分类 O648 胶体化学（分散体系的物理化学）。

《胰腺炎及其并发症》，入大主题 R576 胰腺疾病（胰腺炎入此），并为小主题作分析分类 R576.06 胰腺炎并发症。

《统计学原理与工业统计学》，入重点论述的小主题 F402.4 工业统计，不用为大主题配号 C8 统计学。

4.4.2.3 影响关系主题的分类

影响关系主题是指文献内容涉及几个主题，其中一个主题对另一个或多个主题产生影响，或者多个主题对一个主题产生影响，或者各主题之间互相影响。论述一个主题或多个主题影响另一主题的文献，分入受影响主题所属的类目；论述一个主题对多个主题产生影响的文献，一般按发生影响的主题归类；若某一受影响主题是论述的重点，则按重点受影响的主题归类。例如：

《网络文化与大学生思想政治教育》，按受影响的主题归入 G641 思想政治教育、德育。

《宪法对冲突法的影响》，按受影响的主题归入 D997.2 区际私法（冲突法）。

《月亮太阳的引力对人类生老病死的影响》，按受影响的主题归入 R339.5 特殊环境生理、生态生理。

《太阳黑子对地球磁场、通信、电子仪器的影响》，按发生影响的主题归入 P182.4 太阳光球（P182.4+1 黑子）。

4.4.2.4 应用关系主题的分类

应用关系主题是指文献诸主题中，一个主题应用于另一个或多个主题，或几个主题共同应用于另一个主题。凡属一种（或多种）理论、方法、工艺、材料、设备、产品在某一主题方面应用的文献，均分入应用到的主题所属的类目；凡属一种理论、方法、材料等在多个主题方面应用的文献，则按该理论、方法本身的学科属性归类。例如：

《环氧树脂在水工建筑物中的应用》，归入应用到的主题 TV6 水利枢纽、水工建筑物。

《周易股学与实战技法》，归入应用到的主题 F830.91 证券市场，不入 B221 诸子前哲学（周易入此）。

《运筹学、数理统计在管理学中的应用》，归入应用到的主题 C931.1 管理数学（数学、运筹学、数理统计等在管理学上的应用入此）。

《应用力学基础》，归入 O39 应用力学。

4.4.2.5 比较关系主题的分类

比较关系主题是指文献中多个主题之间具有相互比较优劣或异同的关系。论述两个主题相互比较的文献，按著者重点阐述或所赞同的主题归类，必要时为另一个主题作互见分类；如果是多个主题之间的比较，则归入有关的上位类。例如：

《中日农村工业化比较研究》，归入 F320.1 农业现代化道路、模式（F32 中国农业经济），并在 F331.30 作互见分类。

《中外美术对比发展史》，归入 J110.9 艺术史、艺术思想史（美术史入此），并在 J120.9 作互见分类。

《数字电视与制度变迁：美国与英国的数字电视转换之路》，归入 G229.712，并在 G229.561 作互见分类。

《中、美、加、英四国基础教育研究》，归入上位类 G639.1-03。

4.4.2.6 因果关系主题的分类

因果关系主题是指文献内容涉及几个主题，其中一个主题是另一个或多个主题产生的原因，或者一个主题是另一个或多个主题产生的结果。论述主题之间因果关系的文献，一般分入结果方面的主题所属的类目；如果一个原因产生多个结果，则按原因的主题归类。例如：

《氨基酸与疾病》，按结果的主题归入 R591.2 蛋白质及氨基酸缺乏症。

《糖尿病心血管病的防治》，先按专号集中归入 R587.2 糖尿病性昏迷及其他并发症，再按结果的主题归入 R54 心脏、血管（循环系）疾病。

《地震给人类和自然界带来的危害》，按原因的主题归入 P315.9 工程（地震地震灾害、防震、抗震等入此）。

4.4.2.7 相互关系主题的分类

相互关系主题是指文献中的几个主题之间相互关联，包括它们之间的联系、异同、相互作用等。论述主题之间相互关系的文献，按著者重点阐述或所赞同的主题归类；若不能辨别其重点，则按前一个主题归类，并为另一个主题作互见分类。例如：

《中澳关系的流金岁月》，按主要主题归入 D829.611。

《以色列与美国关系研究》，归入 D871.29，并在 D838.29 作互见分类。

《中国农业宏观经济联系研究》，归入 F32 中国农业经济，并在 F123.16 作互见分类。

《光与材料相互作用：傅广生学术论文选》，归入 TN24-53，并在 TB3-53 作互见分类。

4.5 《中图法》的编制理论与编制技术

4.5.1 基本序列

基本序列，也称基本部类或部类，是分类法编制中为建立知识分类体系，对知识门类所进行的最概括、最本质的划分与排列，是确立基本大类的基础。基本序列分为五大部类：

马克思主义、列宁主义、毛泽东思想、邓小平理论

哲学、宗教

社会科学

自然科学

综合性图书

4.5.2 基本大类

基本大类，也称分类大纲，是分类法中划分的第一级类目，是在基本序列的基础上展开的知识分类体系框架。基本大类都是传统的、稳定的、较为概括的学科或知识领域。根据需要，在 5 个基本部类的基础上，形成 22 个大类的知识分类框架。

基本部类	基本大类
马克思主义、列宁主义	A 马克思主义、列宁主义、毛泽东思想、邓小平理论
哲学、宗教	B 哲学、宗教
社会科学	C 社会科学总论
	D 政治、法律
	E 军事
	F 经济
	G 文化、科学、教育、体育
	H 语言、文字
	I 文学
	J 艺术
	K 历史、地理
自然科学	N 自然科学总论
	O 数理科学和化学
	P 天文学、地球科学
	Q 生物科学
	R 医药、卫生
	S 农业科学
	T 工业技术
	U 交通运输
	V 航空、航天
	X 环境科学、安全科学
综合性图书	Z 综合性图书

4.5.3 体系与结构

4.5.3.1 《中图法》的体系

五大部类的基本序列是《中图法》的理论体系。《中图法》采用等级列举式的分类体系，在此基础上也广泛采用类目仿分复分、有限地采用主类号直接组配等技术。

S：S1；S2；S3；S4；S5；S6；S7；S8；S9

S1：S11；S12；S13；S14；S15；S16；[S17]；S18；[S19]

S2：S21；S22；S23；S24；S25；S26；S27；S28；S29

S28：S281；S282；S283；S284；S285；S286；S287；S288；S289

以此类推。

[S17]　农业地理学

　　　　宜入 F319.9。

[S19]　农业生产环境保护

　　　　宜入 X322。

4.5.3.2 《中图法》的结构

《中图法》的宏观结构，即各个组成部分包括：编制说明、基本大类表、基本类目表（简表）、主表（详表）、附表（辅助表）、索引、使用手册。

《中图法》的微观结构是指类目的构成要素及其组织。

类目（包括通用复分表和专用复分表的子目）：是构造分类法的最基本要素，每个类目代表具有某种共同属性的文献集合。一个类目是由类号、类名、类级、注释和参照组成的。

（1）标记符号：也称分类号（类号），是类目的代号，决定类目在分类体系中的位置。

（2）类名：是类目的名称，用描述文献情报内容的术语直接或间接表达类目的含义和内容范围。

（3）类级：是类目的级别（在印刷版中用排版的缩格和字体表示），代表该类目在分类体系中的等级（划分的层次），显示类目间的等级关系。

（4）注释和参照（类目注释）：对类目的含义及内容范围、分类方法、与其他类目的关系等进行说明。

S27　农田水利

　　　　农业水利化，农田水利的规划、设计、测量、计划等入此。

　　　　总论农业测量入 S29。

　　　　参见 TV。

S27 为三级类目（S 农业科学为一级类目；S2 农业工程为二级类目）

Q94　植物学

　　　　古植物学入 Q914。

　　　　依总论复分表分。

Q94 为二级类目。Q 生物科学为一级类目，下分 15 个二级类目（Q1、Q2、Q3、Q4、Q5、Q6、Q7、Q81、[Q89]、Q91、Q93、Q94、Q95、Q96、Q98）。Q9、Q8 为八分法。

4.5.4　类目的划分与排列

类目划分力求全面，使由一个上位类划分出来的一组下位类的外延之和等于上位类的外延，以保证类列的完整。当不可能全面列举或无须全面列举所有类目时，一般在类列的最后编制"其他"类，用以容纳尚未列举的内容。但有时也根据类目划分的实际情况，不编列"其他"类。如果出现未列举的新主题内容，首先应考虑归入与之属性相近的同位类，若无合适的同位类可入，则归入能概括该主题内容的上位类。

在同一划分阶段中，多数类目使用同一分类标准划分，而个别类目采用其他分类标准划分，并排列在类列之后，这也是常用的一种划分方法。例如，绘画技法与作品首先按画法分（中国画、油画、素描、版画等），最后又按用途分（宣传画、漫画、连环画、动画等）；各国历史首先按时代分（上古史、古代史、中世纪史、近代史、现代史等），最后又按民族与地域分（民族史志、地方史志）。

4.5.5 类目关系及其显示

分类法的每一个类目都不是孤立的，都是类目体系中相互关联、相互制约的有机组成要素。类目的含义不是简单地由类名来决定的，而是将它置于分类体系之中，即在一个由上位概念、同位概念、下位概念、相关概念和类目注释构成的语义空间中进行限定，这是等级体系分类法进行语义控制、显示类目间关系的基本方式。

4.5.5.1 类目纵向关系的显示

类目的纵向关系是它们的等级关系，反映类目之间的亲缘关系，包括从属关系和并列关系。纵向关系主要使用等级结构来显示。

1. 从属关系。

类目的从属关系指上位类和下位类的关系。一个类与其细分出来的小类之间具有从属关系，连续划分的一系列具有从属关系的类目称为一个类列或类链。在划分中被区分的类称为上位类，直接区分出来的小类称为下位类，凡不具有直接从属关系的各级上位类和下位类则称为上级类或下级类。在一个类系中，类目的内涵逐次递增，外延逐次递减。上位类包含其所属的下位类，下位类具有上位类的属性，这是它们之间的基本关系。从属关系又分为属种关系、整部关系和方面关系。属种关系，即包含与被包含的关系；整部关系，即整体和部分的关系；方面关系，即全面和某一方面的关系。

2. 并列关系。

类目的并列关系指处在同一划分层次上的不同类目的关系。由一个上位类区分出来的一组下位类互称同位类，一组同位类总称为一个类列。在一个类系中，类级相同，又不属同一个上位类的类目称为同级类，同位类之间和同级类之间都是并列关系。同位类之间一般外延互不重合，如果同位类之间的外延有交叉，一是用注释加以说明，二是通过类目涵义的划分规则加以限定。

类目的从属关系和并列关系在等级结构中使用不同的字体和排列的缩格来显示，多数情况下也可以根据分类标记的数位来显示。还有部分具有从属关系的类目由于分散在不同的大类，不能直接显示出来，需要根据它们之间的内容联系加以判断。

4.5.5.2 类目横向关系的显示

类目的横向关系指类目间虽不存在等级关系，但在内容上相互关联。横向关系包括相关关系和交替关系。

1. 相关关系。

如果若干类目之间在内容上有密切的联系，但不具有从属关系和交替关系，则称为相关关系。类目间的相关关系主要通过在类目之间建立参照来显示（例如，参见××），另外，设置"××入××"的注释，也能把具有相关关系的类目联系起来。

2. 交替关系。

由于等级体系分类法的类目是线性排列的，一个类目只能在这个线性系列中占据一个位置，当某事物具有多重隶属关系时，只能根据综合性分类法聚类的要求，人为地将其划归某一类。为满足专业文献情报单位在一定范围和程度上按专业集中文献的需要，《中图法》有选择地对部分具有多重隶属关系的事物采用分别在不同的上位类下列出，规定其中一个为正式类目，其余供选择使用的为交替类目，在类号上加"[ ]"标识，并用"宜入××"的注释指向正式类目。使用类目和交替类目之间就是交替关系。

4.5.6 类目注释

类目注释是对类名的补充说明，其作用是进一步明确类目的涵义和内容范围，揭示类目之间的关系，指示分类方法或同类书区分方法，说明类目修订的沿革等。《中图法》类目注释有6种类型，下面分别介绍。

1. 类目内容注释。

（1）对类目的涵义加以说明。

（2）对类目的内容范围加以划分，指示某类包含与不包含的内容。

（3）当相邻的一些类目具有相同的注释内容时，一般不一一列出，而采用"见××注"（注释内容完全相同）或"参见××注"（注释揭示的范围相同）的方式。

2. 类目关系注释。

（1）为内容密切相关或性质相近的类目编制参照注释，帮助分类法用户了解相关类目编列的情况，从而根据文献论述的侧重点选择恰当的类目。参照有单向的，也有双向的。从《中图法》第四版开始类目参照均使用双向的。

（2）在交替类目下编制"宜入××"的注释，指示正式使用的类目或文献集中分类的方法。当交替类目用于处理文献集中分类时，或该交替类目对应的正式类目较多并展开有细目时，则不设"宜入××"具体类目的注释。

3. 类目编列方法注释。

为了帮助分类法用户理解类目编列的方法，有选择地加以注释。

4. 分类方法注释。

（1）指示细分方法。

说明复分的依据和适用的范围；说明复分的次序；说明组配细分的方法；说明多重列类类目的组号次序。

（2）说明文献集中与分散分类的方法。

（3）说明某项分类规则。

（4）说明特殊的组号规则。

（5）说明互见分类的方法。

5. 同类书的区分方法注释。

建议某类适用的同类书区分方法，供分类法用户参考使用。

6. 类目沿革注释。

类目沿革注释是分类法修订后，记录类号、类名及类目内容范围变化的注释，《中图法》的沿革注释只记录最近两版修订的信息，但新增类目不加沿革注释。

沿革注释置于各类注释之后，用"< >"括起。具体内容如下：

（1）说明类名变化情况。如果类名变化不大，类目涵义及内容范围没有变化，则不予注释。

（2）当第三版类号改为第四版新类目时，说明类号变化情况。

（3）说明类目内容变化情况。

（4）说明交替类目变化情况。

（5）说明类号停用情况，指示停用类目改入何类。

（6）说明类目体系变化情况。

4.5.7　分类法编制中的若干问题的处理

4.5.7.1　关于依人列类问题

依人列类，是指以人作为分类标准编列类目。一般来说，依人列类不尽符合分类法编制的基本原则（《中图法》编制以科学分类、知识分类为基础）。但考虑到某些文献的特殊性和某些检索要求，本分类法有限地编列了依人列类的类目，使类表具有适应文献分类实际需要的灵活性。本分类法依人列类的有以下 3 种情况：

（1）在"A 马克思主义、列宁主义、毛泽东思想、邓小平理论"大类，按 6 位革命导师列类，分别按人集中其全部著作、传记及对其著作研究的文献。

（2）在"I2 中国文学"类，编列了"I210 鲁迅著作及研究"专类，集中鲁迅的全部著作及有关研究鲁迅的文献。这些都是带有特藏性质的类目。

（3）在各国哲学类下，按哲学家列类。这是因为，历史上著名的哲学家往往代表某种哲学思想及其流派，因此在分类法中依人汇集其哲学著作、哲学家的综合性著作集和有关对该哲学家研究的文献。哲学家的非哲学著作应分入各类，其中属于古代、近代哲学家的非哲学著作，还应在哲学家专类下作互见分类，以集中揭示某哲学家的全部著作。

4.5.7.2　关于多重列类法

在编制《中图法》的过程中，原则上遵循逻辑划分的规则。对类目的划分，在同一划分阶段只使用一个分类标准进行，从而产生出一组性质单纯、外延不相交叉的平行概念（同位类）。由于客观事物都具有多种属性和多方面的联系，因此可以多向成族（类）。为满足对某事物分别从不同的属性方面论述或对同时从若干属性方面论述的文献进行分类标引的需要，为用户提供多途径检索的可能，本分类法在编制时有选择地采用了多重列类法，即在同一划分阶段，同时采用几个分类标准对上位概念进行划分，从而在一个类列中形成几组按不同属性聚类的同位概念。

当某些事物具有的若干属性都可作为检索入口，但又不宜在逐次划分过程中分别使用这些属性作为分类标准时，就同时使用若干分类标准进行划分，即采用多重列类法。

从以上分析可以看出，分类法的编制并不是严格地采用逻辑分类的原则，而是根据文献分类的实际需要，采取多种方法对类目进行划分，从而保证分类法的实用性。相当多的类列中都不同程度地体现了多重列类法的应用。

"最后编号法"是指文献主题如涉及多重列类的几个类目时，就归入类表中后编列的类目中去。而"最前编号法"，则归入类表中前面编列的类目中去。这里说的"前面"或"后面"是指类目编列的前、后位置，而不是指文献主题表达式中的主题因素在前或在后。

在确定编号方法时，一般应沿着"特殊性→一般性"的顺序选择类目，因为按主题的特殊性聚类，便于用户检索。例如：

TN958/959.74　各种雷达
　　　　　　　　涉及多重列类标准的著作入最前编列的类。

TN958　　　雷达：按体制分

TN958.1　　脉冲调幅雷达

TN959　　　雷达：按用途分

TN959.1　　侦测雷达

TN959.7　　雷达：按使用地点分

TN959.71　　陆用雷达

——————————————

　　TN949.1/.299　各种电视

　　　　　　　涉及多重列类标准的著作入最后编列的类。

TN949.1　　电视：按体制分

TN949.11　　黑白电视

TN949.12　　彩色电视

TN949.13　　立体电视

TN949.2　　电视：按功能、用途分

TN949.21　　工业电视

4.5.8　类目涵义的划分与辨识

1.类目名称常常不能独立表达一个完整的主题概念，其涵义受多方面的限定，与其在分类体系中的位置密切相关。

体系分类法编制的一个重要特点是类名通常承接上位概念的内涵，是很简洁的，离开它所处的语义环境，就无从判断它的真实涵义。

（1）类目涵义受上位类的限定。这是最常见的形式，因为下位类是由上位类直接区分出来的，所以，下位类的类名只表达它区别于其他同位类的最本质的特征即可。有时还需要通过上级类才能判断类目的涵义。例如：

K313　　日本

K313.0　　通史

K313.1　　上古史

······················

K313.8　　民族史志

K313.9　　地方史志

K516　　德国

K516.0　　通史

K516.1　　上古史

······················

K516.8　　民族史志

K516.9　　地方史志

K561　　英国

K561.0　　通史

K561.1　　上古史

······················

K561.8　　民族史志

K561.9　　地方史志

（2）类目的涵义受下位类限定。由于类目的划分要求下位类外延之和与上位类外延相等，因此可以通过下位类的设置情况，判断上位类的内容范围。例如：

R738　　运动系肿瘤

　　　　　骨髓肿瘤入 R733.3。

R738.1　　骨骼肿瘤

R738.2　　关节肿瘤

R738.3　　软骨肿瘤

R738.4　　滑囊肿瘤

R738.5　　滑膜肿瘤

R738.6　　软组织肿瘤

　　　　　　　脂肪肉瘤等入此。

R738.7　　肌肉肿瘤

　　　　　　　横纹肌瘤、肉瘤入此。

R733　　造血器及淋巴系肿瘤

R733.3　　骨髓肿瘤

（3）类目的涵义受同位类的限定。由于同位类之间一般外延不相交叉，所以可以根据一个类列中的同位类设置，分析各同位类的内容范围。在分类法中，概念之间的包含与被包含关系不是一成不变的，有时因其所处的关系、类列不同而有所变化。例如：在 I 文学类，小说和故事在儿童文学里是同位类，小说不包括故事；除此之外，故事是小说的下位类，小说包括故事。

I24　　小说　（小说包括故事）

I247　　　当代作品（1949 年~　）

I247.4　　　章回小说

I247.5　　　新体长篇、中篇小说（不包括章回小说）

I247.7　　　新体短篇小说（不含故事）

I247.8　　　故事、微型小说

I28　　儿童文学

I287　　　当代作品（1949 年~　）

I287.4　　　小说（小说不包括故事）

I287.5　　　故事

（4）类目的涵义受相关类的限定。相关类之间的关系密切，有的还存在一定程度的外延交叉，因此相关类目之间存在涵义相互限定的关系。

从上述分析可以看出，当一个概念在分类法中多处出现时，它们之间一定存在着差异，应认真分析它们的联系与区别，结合文献论述的侧重点，归入最恰当的类目中去。

（5）类目的涵义受注释的限定。本分类法对容易混淆或不易把握涵义的类目，一般都通过编制类目注释进行补充说明。认真审阅类目注释对正确把握类目涵义是极为重要的。类目涵义除受直接的注释限定外，一些无注释的类目也受某些同性质类目注释的隐含限定。正确掌握这种通过注释范围的引申方法判断类目涵义，对使用《中图法》是很有意义的。但类目注释的引申适用范围，需要通过类目体系的编制和类目性质的分析才能正确判断。

2. 没有展开细分的类目，其涵义可以通过相关的类目来辨识。

分类法的一些类目由于没有展开细分，它们包含的内容范围有时不是很清晰，但可以通过与之相关的类目加以明确。

（1）用总论性类目、"一般性问题"判断专论性类目涵义。

（2）用专论复分表判断专论性类目的内容范围。

（3）通过已展开的类目来判断未展开类目的内容范围。

（4）有时还可以通过外延比较宽的类目判断外延比较窄的类目的涵义。

例如：

P941.78　湖泊、沼泽；K928.43　湖泊（包括沼泽）

3. 判断类目涵义要符合逻辑推理。

在判断类目涵义时，常常有一个推理过程，即借助已清晰的类目关系和类目涵义，判断尚不清楚的类目涵义。

4. 如何确定没有单独列类的主题概念在分类体系中的位置。

体系分类法列类力求完整，然而又不可能详尽无遗地列举。但这并不能说如果某一主题概念没有直接吻合的类目，分类体系中就没有它的位置了。

若某一概念没有单独列出类目,只要我们能判断出它是已列举的某些概念的同位概念,那么它通常都包含在该组概念之后的"其他"类中;如果没有设"其他"类,则可归入最相近的同位概念或能概括它的上位概念。

5. 分类法类目外延有一定的延伸性。

与科学分类不同,文献分类法的类目外延是有一定弹性的。根据文献分类的实际要求,可以对类目外延进行一定的限定或扩展。如果某主题(事物)在分类体系中确无合适的位置,可进行"靠类标引",即归入最相关的类目中去。例如:

S899　　益虫饲养
　　　　　工业昆虫学入此。
S899.1　白蜡虫
S899.2　紫胶虫
S899.3　胭脂虫
S899.4　五倍子
S899.8　蚯蚓
S899.9　其他
　　　　　蜈蚣、地鳖等入此。
　　　　　姬蜂、金小蜂、小赤眼蜂入 S476.3。

4.6　《中图法》标记符号的编制与使用

4.6.1　标记符号

标记符号也称分类号,是类目的代号。

4.6.1.1　基本标记符号

《中图法》采用拉丁字母与阿拉伯数字相结合的混合制标记符号。混合制标记符号,使用同样位数的号码比纯数字号码容量大,同时具有易辨认、易读的优点。以拉丁字母标记基本大类,并可根据大类的实际配号需要再展开一位字母（T 工业技术）,用以标记二级类目。在字母段之后,使用阿拉伯数字标记各级类目。如"T 工业技术"大类范围广泛,内容繁多,故又在该类基础上采用双位拉丁字母标记其所属的 16 个二级类目。

为满足某些类目按主题名称区分和排列其所属大量同类事物的需要,也有选择地使用了"字母标记法",即在类目的最后区分阶段（不含仿分、复分的类目）,再使用字母标记其下位类目。选择字母标记法的原则是,当某类划分出来的下位类相当多,且难以预见时使用。这种编号法在分类表中只作标记方法注释,而不予以列举。例如,TP312 程序语言、算法语言、TP312BA（BASIC 语言）、TP312C（C 语言）; TP311.138 数据库系统: 按系统名称分, TP311.138DB（dBASE）、TP311.138FO（FOXBASE）。

4.6.1.2 辅助标记符号

为了进一步增强标记符号的表达能力,适应类号灵活组合的需求,《中图法》在采用拉丁字母与阿拉伯数字相结合的混合制标记的基础上,还采用了一些其他特殊符号,以作为辅助标记符号。

1. "."（间隔符号）,读作"点"。

（1）间隔符号置于字母段之后,自左至右每三位数字之后加一圆点,当最后一段正好为三位时,其后不必再加圆点。分类标记采用此号分隔,目的在于使号码段落清晰、醒目、易读。

（2）凡通过类目仿分、复分组合而成的分类号码,应根据组合后的数字号码自左至右,每三位加一个间隔符号,最后一段数字如果是整三位,则不需再加间隔符号。这样标记的结果,有可能与类目表上间隔符号标记的位置不同。

（3）使用字母标记法的类号,其尾部字母部分不用"."分隔。

（4）当组合的类号中夹有其他辅助符号时,以辅助符号作为计算数码位数的界限,即辅助符号之前的数码为一段,辅助符号中间的数码为一段,辅助符号之后的数码为一段,各自分别计算数码的位数,每隔三位数字加一个间隔符号。

例如，G40–092.6。

2."a"（推荐符号），读作"小 a"。

该符号置于马克思、恩格斯、列宁、斯大林、毛泽东、邓小平 6 位革命导师著作的互见分类号之后。根据本分类法规定：马克思、恩格斯、列宁、斯大林、毛泽东、邓小平理论的科学专著，除在 A 大类集中揭示外，还应按学科内容在有关类目作互见反映，并标记推荐符号。凡类号末尾标记"a"者，应将其排在类号相同的其他著作之前。

3."/"（起止符号），读作"起止符号"。

该符号表示类目的起止范围。在主表类号中，用以表示概括一组相连类号的起止区间。在注释中，表示类目仿分的类号区段或参见的类目范围。起止符号只用在类目表中，不能出现在标引结果的分类号中，在进行分类标引时，应根据文献的内容范围选择使用相应的类号。

4."[ ]"（交替符号），读作"方括号"。

该符号用以标记交替类目，表示该类目是供选择使用的。如果决定将某一交替类目改为正式类目，应去掉该类号的"[ ]"及类目下的"宜入 ×× 类"注释，并将与其相应的使用类目改为交替类目加上"[ ]"，同时增加"宜入 ×× 类"注释。有的正式类目相应地有多个交替类目，多属于总论与专论的关系，其交替类目被启用时，相应的正式类目不能改为交替类目。

启用交替类目要注意以下几个问题：

（1）凡属一一对应的交替类目，只需将启用的交替类目的"[ ]"去掉，将对应的使用类目加上"[ ]"，并加注"宜入 ××"即可。

（2）凡属一对多或多对一的交替类目，调整起来相当复杂，需对相关的类目逐一甄别，有的可改为交替类目，有的可加注释，从中划分出一部分内容，不能一概而论。例如：

[R145]　放射性物质对环境的污染及防护

　　　　宜入 X591。

[R146]　放射性物质对人体的影响及防护

　　　　　宜入 X591。

[R147]　对各种放射性物质的防护及处理

　　　　　宜入 X591。

X591　　放射性物质污染及其防治

①如果只启用其中某一个交替类目，如 [R147]，则除删去该类目交替符号和注释外，同时应在正式类目"X591 放射性物质污染及其防治"之下注明："对各种放射性物质的防护及处理入 R147"。其他两个交替类目 [R145] 和 [R146] 保持不变。

②如果拟启用其中两个交替类目，如 [R145] 和 [R146]，则除删去该二类目的交替符号和类目注释外，同时应在正式类目 X591 之下注明："放射性物质对环境的污染及防护入 R145；放射性物质对人体的影响及防护入 R146"。交替类目 [R147] 保持不变。

③如果拟将例中的三个交替类目全部改为使用类目，那么正式类目 X591 则将成为总论性类目。在处理时，除删去该三个交替类目的交替符号和注释外，同时应在 X591 类目下加注释："总论入此，专论入有关各类"。

④例中的三个交替类目，彼此概念相关。当将其中某个或全部改为正式类目时，可采取增加参照说明的办法显示其关系。

（3）除少数交替类目已细分展开外（[TE12] 石油、天然气地质；[TE13] 石油、天然气调查与勘探），绝大多数交替类目只是给出一个交替类号（[P52] 古生物学、Q91 古生物学；[P67] 海洋地质学、P736 海洋地质学），如果需要再展开，一般不要自编细分子目，而是要仿照《中图法》相应的类列细分，或将相关的类目移到该类下。配号时要遵循《中图法》的编号规则。

5."-"（总论复分符号），读作"短横"。

该符号置于总论复分号码之前，是总论复分号的前置标识符。凡依总论复分表复分，必须标记此符号。在主表中，也有选择地列举了一些使用总论复分表复分的类目，目的是增加注释或将类目进一步展开，这时总论复分号的含义不一定与总论复分表中完全一致。也有个别类目是借用总论复分标识符"-"，以标识某类具有共性的类目。在编制手工目录时，一个主类号不能重复使用总论复分表复分，也就是一个分类号中不能出现两个以上的总论复分标识符。

6. "( )"（国家、地区区分号），读作"括号"。

在分类法中，凡可依"世界地区表"或"中国地区表"直接复分的类目，均已在有关类目的注释中注明。除此之外，如果在一般学科类目下也需要进行国家地区复分，则可以使用相关的地区复分表加以复分，但需用"( )"将地区号括起，以示区别。凡需按中国地区表复分的类目，必须首先用"世界地区表"的中国代号"2"，再用"中国地区表"分，然后一并用"( )"括起，形式为(2××)。例如，J23 各国绘画作品；J33 各国雕塑作品；J43 世界各国摄影艺术；J53 各国工艺美术；J65 各国音乐作品；J73 各国舞蹈、舞剧；J83 各国戏剧艺术。

7. "="（时代区分号），读作"等号"。

在分类法中，凡可依"国际时代表"或"中国时代表"直接复分的类目，均已在有关类目的注释中注明。除此之外，如果在一般学科类目下也需要进行时代区分，可以使用相关的时代表加以复分，但需在时代号前加"="，以示区别。应注意的是，凡具有中国属性的类目应使用"中国时代表"复分，而其他类目则一律使用"国际时代表"复分。例如，K81 传记类。

8. " "（民族、种族区分号），读作"双引号"。

在分类法中，凡可依"世界种族与民族表""中国民族表"直接复分的类目，均已在有关类目的注释中注明。除此之外，如果在一般学科类目下也需要进行中国民族、世界种族与民族区分，可以使用"中国民族表""世界种族与民族表"加以复分，但需将民族、种族号用" "括起，以示区别。需要注意的是，不论何种类目，凡需依中国民族表区分的类目，均需在中国民族号之前加上中国民族的代号"2"。

9. "< >"（通用时间、地点和环境、人员区分号），读作"尖括号"。

凡主表中的类目需要依"通用时间、地点和环境、人员表"复分的，将通用时间、地点和环境、人员区分号用尖括号括起，加在主类号之后。如果同时涉及通用时间和通用地点复分，应将通用地点复分号码置于通用时间复分号码之前。

10."："（组配符号），读作"冒号"。

该符号置于相组配的类号之间，表示主类号之间的概念交叉组配。在给图书分类时，组配的范围和方法应依据主表有关类目注释的要求进行；在给资料分类时，除参照有关类目注释的要求外，还可以根据需要灵活使用冒号组配。

11."——"（指示性类目提示符号），读作"指示性类目提示符号"。

《中图法》第四版引进指示性类目提示符号"——"（用一条横线标识），用来标识只起指示作用不类分文献的类目。其作用为：一是使所有注释都依附于一定的类目，为机读版的编制提供必要的条件；二是在需要对某一区间的类目进行注释时，可用居中类号来限定注释适用的范围；三是在一个多重列类的类列中，如果没有以上位类形式标识的划分标准，则用该形式指示类目的划分标准；四是《中图法》第四版包括原《中国图书资料分类法》（简称《资料法》）的类目，而部分《资料法》细分子目的类号不全是以《中图法》类号为起点按层累制展开的，为避免从类分资料的细分子目号机械地上推，来截取用于类分图书的分类号产生的错误，以该类目的形式注释类号的适用规则（Q949 植物分类学、Q959 动物分类学、Q969 昆虫分类学）。

  Q949.72 双子叶植物纲
  ————————————

    Q949.731/.783.5（特殊分类规定）

      图书分类时，Q949.731/.783.5 入 Q949.72。

  Q949.731 轮生目（木麻黄目） （借同位类号）

  Q949.732 胡椒目

  ————————————

Q949.741　　　檀香目

Q949.751　　　蔷薇目

Q949.761　　　桃金娘目

Q949.783　　　桔梗目

Q949.783.5　　菊科

Q969.44　　　双翅目

Q969.44+1　　长角亚目

Q969.44+1.1　　大蚊总科

Q969.44+9.9　　水头虻科

_____

Q969.451.1/.465.7　（特殊分类规定）

　　图书分类时，Q969.451.1/.465.7 入 Q969.44。

Q969.451.1　　舞虻总科　（借同位类号）

Q969.451.2　　舞虻科　（借上位类号）

Q969.461.1　　日蝇总科

Q969.465.7　　蝠蝇科

4.6.2 编号制度

4.6.2.1 基本编号制度

《中图法》的编号制度采用基本的层累制。层累制是根据类目的不同等级，配以相应不同位数号码的编号方法，类目的等级与其号码位数是相对应的。层累制的号码可以无限纵深展开，可充分满足类目体系层层展开配号的需要，同时又有良好的表达性。例如：

M234.567.89；TA345.678.9

4.6.2.2 编号制度上的变通措施

《中图法》采用阿拉伯数字作为标记符号，由于受其十进制的限制，很难满足类列展开对号码的实际需要。在某些类系中，划分层次多而每个划分层次中同位类少，也会使号码不必要地冗长。为了在允许的条件下给较重要的类目以宽裕的号码，或减少类目划分层次，或缩短号码位数，在基本上遵循层累编号制度的同时，又采取了诸如八分法、双位制和借号法等编号的变通措施，增加配号的灵活性，扩大号码系统的容纳性。

1. 八分法。

八分法又称扩九法，即当某类列的同位类类号标记到 8，且尚有若干同位类待标记时，则 9 本身不用，扩展为 91，92，93，…，98，99，为第 9 个及以后的同位类配号。八分法一般在同位类超过 9 个、少于 18 个时使用。另外，有时候为了适应类目配号的需要，也可以在任何数字后，仿照上述办法标记同位类目。使用八分法编制的类号，还可以继续使用八分法展开，以便为更多的同位类配号。这种方法一般只用于为文献较少的类目配号。八分法虽然在数字的位数上不能体现所有同位类之间的并列关系，但可以有规律地表示各同位类。

M2：M21，M22，M23，M24，M25，M26，M27，M28，M291，M292，…，M299。

M2：M21，M22，M23，M24，M25，M26，M271，M272，…，M279，M28，M29（较重要的类目）。

2. 双位制。

双位制又称百分法，即在某类目下不直接使用将用于配号的数字 1～9，而是分别扩展为双位数字标记其下属同位类目的编号法。一般当同位类相当多时，为避免号码冗长，采用双位制编号法。在实际配号时，并不一定要将各位数字均扩展成双位数字，而是根据需要选择若干数字进行扩展，为有关的同位类配号。

M2：M211，M212，…，M219，M221，M222，…，M229，…，M298，M299。
中国民族表就采用了典型的双位制编号法。

3. 借号法。

借号法是采用层累标记制时为了增加类列的容纳性而采用的借用下位类、上位类、同位类类号的一种编号方法。

（1）借下位类号。当同位类数量超过 9 个，但超过不多时，采取借用前一个同位类的下位类号码，为后一个同位类配号的方法。借用下位类号的类目一般是相对不那么重要的，而且借用的通常都是最后一个号码"9"。有时根据实际配号需要，也借用了"9"以外的数字。

M2：M21，M22，M23，M24，M25，M26，M27，M28，M29，M299。

D923.9　　　婚姻家庭法
D923.99　　 商法（总论）　（借下位类号）

D922.29　　　经济法
D922.291　　　国民经济与社会发展法令
　　　　　　　经济监督管理法、统计法、计划法、国有资产管理法等入此。
D922.291.91　 企业法、公司法　（借下位类号）
　　　　　　　企业登记、工厂法等入此。
　　　　　　　<3 版入 D922.292>
D922.291.92　 破产法　（借下位类号）

企业兼并、解散等法令入此。

<3 版入 D922.292>

D922.292　　工业企业经济管理法

F407.8　　轻工业、手工业
F407.81　　纺织、印染
F407.82　　食品
F407.83　　造纸
F407.84　　印刷
F407.85　　皮革
F407.86　　服装工业
F407.87　　钟表工业
F407.88　　林产、木材加工工业、家具工业
F407.89　　其他轻工业
F407.899　　手工业　（借下位类号）

F407.1/.9　各工业部门经济

　　如有必要，可仿 F401/F406 分。

（2）借上位类号。有时为了缩短类号，或对重点类目给予较宽裕的号码，某些下位类借用相邻的与上位类同级号码的编号法。

K877.2　　金石文
K877.3　　金文
K877.4　　石刻

（3）借同位类号。当某类列的同位类数量不多，且这些同位类都有较多的下位类时，借用相邻空余的同位类号，并将其直接扩展为双位数字，为下位类配号。例如：

TK41　　汽油机

TK413　　构造

TK413.1　　机体组

TK413.2　　汽缸、燃烧室

TK413.8　　燃油系统

TK413.9　　点火系统

TK414.1　　润滑系统

TK414.2　　冷却系统

TK414.3　　调节、控制系统及安全装置

TK414.4　　传动装置（驱动装置）

TK414.5　　废气净化装置

TK415　　材料

此例中有关汽油机构造的下位类有 14 个，这些下位类又有为数众多的下位类，采用阿拉伯数字依层累十进制标记，号码不敷使用，而采用八分法会使标记符号增加一位。于是借用空余的 TK414，并将其展开为 TK414.1，TK414.2，TK414.3，…，为 TK413 的下位类配号。借同位类号法可使同位类的标记符号在位数上保持一致。在分类标引时需注意，如果这些类目作为被仿分类目，也必须采用相同的方法为仿分类目配号。例如：

TK42   柴油机

TK423   构造

    仿 TK413/414 分。例：柴油汽缸入 TK423.2；柴油机冷却系统入 TK424.2。

《柴油机的燃烧系统》，入 TK423.8。

《柴油机的废气净化装置》，入 TK424.5。

在配号时，也可根据需要将几种变通的配号法结合起来使用。例如：

K825   人物传记：按学科分

    各科人物传记，包括总传和分传。

    _____

    K825.1/828   （特殊分类规定）

        如有必要，可依中国时代表分，并用"="加以标识。例：中国现代医学家传为 K826.2=7。

K825.1   哲学、社会科学

K825.19   法律 （借下位类号）

K825.2   军事

K825.3   经济

K825.4   文化、教育、体育

K825.5   语言、文字

K825.6   文学

K825.7   艺术

K825.8   历史、地理

K826.1   自然科学、工程技术   （借同位类号）

K826.2   医学、卫生

K826.3   农业、林业、畜牧业、渔业

K827   社会政治人物   （借上位类号）

K828   社会各界人物   （借上位类号）

K815   人物总传：按学科分

    仿 K825.1/828 分。例：世界文学家传记为 K815.6；世界医学家传记为 K816.2。

K833/837   各国人物传记

    依世界地区表分，再仿 K82 分。

凡"各国"仿"中国"分的类目，如果同时涉及时代复分，应将"依中国时代表分"自行转换为"依国际时代表分"。例如：

世界近代文学家传记为 K815.6=4；世界现代医学家传记为 K816.2=5；世界当代政治家传记为 K817=6。

美国近代文学家传记为 K837.125.6=4；美国现代医学家传记为 K837.126.2=5；美国当代政治家传记为 K837.127=6。

（4）顺序制编号。不管类目的等级，按类目排列顺序依次配以位数相同的号码。在《中图法》以层累制为基础的分类标记系统中，顺序制编号法只十分有限地用于同位类少且展开层次深的特殊类目中。使用顺序制编号，也仅限于使用某位数字，而不是层层类目均采用顺序制编号法。例如：

Q	生物科学		
Q1	普通生物学		
Q7	分子生物学		
Q94	植物学	2级类目	八分法
Q949	植物分类学	3级类目	
Q949.1	孢子植物	4级类目	
Q949.2	藻类	5级类目	
Q949.3	菌类	5级类目	
Q949.4	种子植物	4级类目	顺序制编号
Q949.5	有管有胚植物门	5级类目	
Q949.6	裸子植物亚门	6级类目	
Q949.7	被子植物亚门	6级类目	
Q949.9	应用植物学	3级类目	借下位类号

植物分类学类下只有"孢子植物""种子植物"两个下位类，它们各自又向纵深展开5级类目并有众多的下位类，如果严格地按层累制编号，一方面会造成号码冗长，另一方面又有大量空号闲置浪费。如果不采用顺序制编号，"Q949.6 裸子植物亚门、Q949.7 被子植物亚门"的类号还要增加两位。这里仅使用 Q949.1/.7 为重要的 7 个类目顺序编号，以后再展开仍使用层累制编号。

4.7 《中图法》的组配技术及应用

组配技术是指利用分类表中已有的表示简单主题概念的类号，按一定规则组合成一个复合类号，用以表达分类表中没有的复杂概念的一种技术。组配技术广泛应用于现代体系分类法。采用组配技术，可以提高描述新主题的能力、提高类目细分程度、缩减类表篇幅、规范类目共性区分标准和配号的规律性，从而提高分类法标引文献、检索文献的效果。

《中图法》运用组配技术主要有 4 个方面：一是编制各种类型的通用复分表，作为全表各级类目组配复分的依据；二是在有关类编制专类复分表，作为某些类目组配细分的依据；三是规定部分类目可以仿照已列出的类目进行细分，即类目仿分；四是主类号之间使用冒号直接组配，合成新的类号。使用《中图法》标引文献所得到的类号中，相当一部分是采用上述 4 种方式组配合成的类号。

4.7.1 通用复分表

通用复分表附在主表之后，是主表各级类目组配复分的依据。《中图法》的通用复分表由"总论复分表""世界地区表""中国地区表""国际时代表""中国时代表""中国民族表""世界种族与民族表""通用时间、地点和环境、人员表"组成。其中"世界种族与民族表"是第四版新增的。通用复分表只对主表类目起复分作用，不能单独使用。

4.7.1.1 总论复分表

1. 总论复分表的编制。

总论复分表编列出各学科门类均可遇到的共性区分内容。复分号由标记符号"-"与数字组成。

2. 总论复分表使用要点。

（1）主表中任何一级类目（个别者除外），无论是否注明"依总论复分表分"，均可使用本表复分。复分时将本表有关号码加在主类号之后即可。例如，P57 矿物学；P57-61 矿物学词典。

（2）用户在制定本单位使用本时，可根据需要自行规定总论复分表应用到主表某一级类目，或有选择地只在主表某部分类目中采用，或有选择地只采用本表中部分区分内容，或规定使用本表的哪一级子目复分等。

（3）主表中的某些类目，如已具有或隐含本表某些区分内容，或已将本表部分区分内容编列成专类，或已编列使用总论复分表复分列举的类目，无论配号是否一致，均不能再使用本表复分。例如，"B1 世界哲学""B2 中国哲学""B3 亚洲哲学""B4 非洲哲学""B5 欧洲哲学"等类下均注释"哲学史入此"，不能再加总论复分号"–09";"C83 世界各国统计资料、C831 世界、C832 中国"等类,不能再加总论复分号"–66";"H316 词典""H319 语文教学""H319.1 教学改革""H319.2 教学计划、教学大纲""H319.3 教学法""H319.4 读物""H319.6 习题、试题"等类,不能用"H31"与总论复分号组配表示。其他语言也有类似情况。

(4)主表"C 社会科学总论"中的 C0/[7] 及"N 自然科学总论"中的 N0/[7],由于其本身就是总论性类目,因此在该大类下依据本表重复列出了总论复分的类目和类号(省略了短横符号)。当使用这些类目类分文献时,也就无须再使用本表复分。但是,C8/97、N8/[99] 为具有社会科学属性与自然科学属性的综合性科学,不受此限。

(5)凡本表的某些区分内容已在主表的专类复分表或被仿分类目中编列,则不能再使用本表重复细分。例如,"D924 刑法",D924.01、D924.02 不能表示为 D924-0 或 D924.01-0、D924-09 或 D924.02-09。

(6)B、D、D9、E、F、G4、G8、I、J、K、K9 等类目规定,"依总论复分表分,–0 理论与方法论所属类目复分入 B0(D0、D90、E0 等)",即不入 B(D、D9、E 等)加"–0",而入其下位 B0(D0、D90、E0 等)类。

(7)当某一文献涉及本表中两种以上的区分标准时,只能选择其中主要的一种加以复分。

例:《中国劳动统计年鉴:2003》

主题标引:劳动统计—统计资料—中国— 2003 —年鉴

分类标引:F249.2-66

不能配号为:F249.2-66-54 或 F249.2-54

(8)使用时要注意辨别每一区分标准的含义。例如,"–29 生产单位、企业"也包括"市场"的内容。

(9)本表"[–7] 文献检索工具"是 Z88/89 的交替类目,各单位可以结合具体情况,决定启用与否。但专书的索引可直接用此号复分。

例:《周易索引》

主题标引：周易—专书索引

分类标引：B221-7

（10）"-1 现状及发展"规定可依世界地区表分，中国再依中国地区表分，并编列了供选择使用的专类复分表。在给文献分类时，先依地区表分，如有必要，再依该专类复分表分。

例如：P5-12。

4.7.1.2 世界地区表

1. 世界地区表的编制。

该表依据世界自然区划、行政区划，以及语种、人种、宗教、集团等标准划分。首先，编列世界性区域。其次，编列各洲、各国子目，按洲、地区、国家逐级划分。对于某些跨洲、跨地域、跨地区的国家或地区，均分别依据惯例用注释指明其归属于一个地域或地区，或编列总论性类目。

2. 世界地区表使用要点。

（1）主表、专类复分表、总论复分表中的类目，凡注明"依世界地区表分"者，均可使用本表复分，将有关复分号码加在主类号之后即可。例如，P56 区域地质学（依世界地区表分，中国再依中国地区表分）；P567.12 美国区域地质学。

（2）主表中的某些类目，如果未注明"依世界地区表分"，而需要据本表复分，可将地区复分用地区区分号"（ ）"括起，加在主类号之后。

J23　　各国绘画作品

———————————

J231/239　各种绘画作品

以下如需按作者的国家区分时，可依

世界地区表分，并用（ ）加以标识。例：

英国油画集为 J233（561）。

J33、J43、J53、J65、J73、J83 均与 J23 相似。

（3）主表中的某些类目，凡已具有某国家或某地区特征的，则不能再使用本表重复反映该国家或地区。例如，B712、D92、F12、K2 不能重复表示为 B712（712）、D92（2）、F12（2）、K2（2）。

（4）对于主表中具有国家或地区属性的类目，应正确把握"世界"与"各国"包括的范围。主表中的"各国"，除个别特例外，均包括洲、地区、国家 3 个层次的涵义。个别类目不是按上述划分原则编列的。例如：

G81　　世界各国体育事业

G811　　世界

　　　　体育事业概况入此。

G811.1　　国际体育运动组织

　　　　世界性或地区性的多项体育运动组织入此。各单项的体育运动组织入 G82/89。

G811.13/.17　　地区性体育运动组织

　　　　依世界地区表分。

G811.2　　国际体育运动会、运动竞赛

　　　　世界性或地区性的多项体育运动会、运动比赛入此。

　　　　各单项的运动会、运动竞赛入 G82/89 有关各类。

　　　　以下各种运动会均依年代排。例：第七届亚运会号码为 G811.23/1974。

G811.23/.27　　世界地区性运动会

　　　　依世界地区表分。

G812　　中国

G812.1　　体育运动组织

G812.17　　地方体育运动组织

依中国地区表分。

G812.2　　运动会、运动竞赛

G812.21/.27　　地方运动会

　　　　　　依中国地区表分，再依年代排。例：上海市第六届运动会类号为 G812.251/1978。

G813/817　各国

　　　　　　体育事业概况入此。依世界地区表分，再依下表分。

```
  0  政策
  1  体育组织
  2  体育运动会、体育竞赛
     ---------------
```

这里将世界性体育运动组织、洲际体育运动组织、地区性体育运动组织和世界性运动会、洲际运动会、地区性运动会集中编列，"G813/817 各国"只包括专论各国体育运动组织与运动会的文献。分类标引时应注意：

①凡属世界性的，以及跨两洲以上的多项体育运动组织或运动会的文献入 G811.1 或 G811.2。例如，国际奥委会类号为 G811.111，奥运会类号为 G811.21。

②凡属一洲、一洲内多地区或一地区多国的多项体育运动组织或运动会的文献，入 G811.13/.17 或 G811.23/.27，再依世界地区表分。例如，亚运会类号为 G811.23，不能入 G813.02。

③中国多项体育运动组织或运动会的有关文献入 G812.1 或 G812.2；中国地方多项体育运动组织或运动会的有关文献入 G812.17 或 G812.21/.27，并依中国地区表分。

④其他各国多项体育运动组织或运动会的有关文献入 G813/817，依世界地区表分，并加专类复分号"1"或"2"。

（5）主表中用 3/7 连接的一组类目，已具有世界各大洲的含义，依本表复分时，应相应去掉世界地区表子目号中表示洲的号码。

（6）凡使用本表中属于概括性地区的号码（洲和洲下的地区）复分后，还需再次依其他标准细分的，则必须先在概括性地区号后加"0"，再进行复分。

（7）"198.1/.8 古代地区"下所列子目，既包含地区的属性，也包含时代的属性。为避免与某些具有时代属性类目使用的混乱，规定只用于两种情况：一是用于使用 –09 复分，再依世界地区表区分的类目，例如，"古罗马农艺史"分类号为 S3–091.985；二是使用地区区分号"（ ）"括起，加在主类号之后，表示文献某古代地区的属性，例如，"古希腊艺术史"分类号为 J110.92（198.4）。

4.7.1.3 中国地区表

1. 中国地区表的编制。

该表主要根据中国现行行政区划编列。首先列出北京市，然后依次列出中国六大行政区。

1   北京市
2   华北地区
3   东北地区
4   西北地区
5   华东地区
6   中南地区
7   西南地区

每个地区下又划分出所辖省（包括重要地点）、中央直辖市及特别行政区。例如：

5   华东地区
51   上海市
52   山东省
----
58   台湾省
65   广东省

658　香港

659　澳门

66　海南省

　　　　论述南海诸岛的著作入此。

对于某些跨省的地域均分别依惯例将其归属于某一地区。例如：

4　西北地区

　　　　论述黄河中、上游，黄土高原所属地区的著作入此。

58　台湾省

　　　　论述澎湖列岛、钓鱼岛等地区的著作入此。

为了便于处理以往时代的历史文献，还在相应地区下编列了旧的省份名称，以"[ ]"括之，并注明其设置时期。例如：

2　华北地区

23　[热河省]（1928～1955）

24　[察哈尔省]（1928～1952）

27　[绥远省]（1928～1954）

28　[外蒙古]（　～1920）

为了便于对省、自治区、直辖市以下地区作进一步区分，中国地区表内还编列了一个专类复分表：

1/75（类目复分仿分规定）

　　　以下中央直辖市、省、自治区，可依下表分。

　　　如有特殊需要，可在类号最后加地名的前两个字的

　　　汉语拼音首字母以便同类书排列。例：北京市西城区

　　　为13XC；四川省广安市为713GA；江苏省东海县为534DH。

1	省（自治区）人民政府所在地
2	各专区、自治州、盟
3	中央直辖市属各区、各地级市
4	各县、县级市
5	各镇、乡、街道

2. 中国地区表使用要点。

（1）主表中的类目，凡注明"依中国地区表分"者，均可使用本表复分，将有关复分号码加在主类号之后即可。例如，上海市第六届运动会类号为G812.251。

（2）主表中某些类目如果未注明"依中国地区表分"，而需要据该表复分，一律在中国地区子类目号前加上中国代号"2"，并用地区区分号"（）"括起，加在主类号之后。目的是将中国地区类号与世界各国地区类号统一在世界地区表体系内，在机检中可以作为独立的检索入口。例如，S512.1 小麦，可加区分号为S512.1（251）。

（3）主表中某些类目规定先依"世界地区表"分，再依"中国地区表"分时，应在主类号后先加中国代号"2"，再加相应的中国地区号。例如，TU986.621可以表示北京市园林建设主题概念。

TU986.6　　各国园林
　　　　　依世界地区表分，中国再依中国地区表分。

（4）主表中某些具有中国属性的类号（用1/7连接的一组类目）具有中国各大区的含义，当依本表复分时，应去掉地区子目号中表示该区的相应号码。但如果只是在一个类目下注释"依中国地区表分"，则直接将复分号加在主类号之后即可。例如，上海市第六届运动会类号为G812.251，不能给号为G812.255.1；南京市奥林匹克委员会类号为G812.175.31。

（5）各省、自治区、直辖市如需进一步细分，可使用中国地区表中的专类复分表分；各专区、各市、各县如有特殊需要，可在类号最后加地名前两个字的汉语拼音首字母，以便同类书排列。专类复分表中的"4 各县、县级市"包括各地级市所属各区、自治县、旗。随着行政区划的变化，一些县市级别也发生了变化，标引时应根据文献主题所反映的具体时期的县市级别，选取相应的复分号。例如，《江苏盱眙县志》入 K295.34XY。

（6）使用本表所列概括性地区类目（如华北地区、西北地区）复分后，如再依其他标准细分，必须在概括性地区号后先加"0"再复分，以便与本地区所属的省、直辖市区分开来。例如，《华北沙漠区域地理》入 P942.207.3；《西北地区县志汇编》入 K294。

4.7.1.4　国际时代表、中国时代表

1. 国际时代表和中国时代表的编制。

国际时代表依世界历史分期编列，首先列出基本历史分期，再按世纪进行划分；"中国时代表"依中国历史分期编列，首先列出基本历史时期，再按朝代进行划分，1949 年后再按年代划分。属于跨历史时期的时代，一般归并于前一个时代。

2. 国际时代表、中国时代表使用要点。

（1）主表中的类目，凡注明"依国际时代表分"或"依中国时代表分"者，均可分别使用相应的时代表复分，将有关复分号码加在主类号之后即可。例如，D909.14 表示世界近代法学史；D909.248 表示中国明代法学史。

D909　　　法学史、法律思想史
　　　　　　法律流派、法律文化入此。

D909.1　　　世界
　　　　　　依国际时代表分。

D909.2　　　中国
　　　　　　依中国时代表分。

D909.3/.7   各国

　　依世界地区表分。

（2）主表中某些类目如果未注明"依国际时代表分"或"依中国时代表分"，而需要进行时代复分，应在复分号前先加时代区分号"="。其中，凡具有中国属性的类目（不是指文献主题是否具有"中国"属性）直接使用"中国时代表"分；凡不具有中国属性的类目但需依中国时代表分的，须先加中国地区区分号"（2）"，再用"="连接中国时代号；其他类目均使用"国际时代表"复分。例如，中国明代政治家传记类号为K827=48；世界现代政治家传记类号为K817=5。G254.12分类表，《我国建国后的图书分类法》入G254.12（2）=7。

K825   人物传记：按学科分

　　各科人物传记，包括总传和分传。

K825.1/828   （特殊分类规定）

　　如有必要，可依中国时代表分，并用"="加以标识。例：中国现代医学家传为K826.2=7。

K825.1   哲学、社会科学

K827   社会政治人物

K828   社会各界人物

K815   人物总传：按学科分

　　仿K825.1/828分。例：世界文学家传记为K815.6；世界医家传记为K816.2。

（3）主表中的某些类目，凡已具有某时代特征者，则不能再使用时代复分表重复反映该时代。例如，B248 为中国明代哲学，不能给号为 B248=48；B503 为欧洲中世纪哲学，不能给号为 B503=3。

（4）凡主表中某些具有中国属性的类号（用 1/7 连接的一组类号），已具有特定时代的含义，复分时应去掉和时代表中表示该时期的相同号码。例如，《元一统志》入 K290.47，不能给号为 K290.447；《明一统志》入 K290.48，不能给号为 K290.448。

K29　　　　地方史志
K290　　　　方志学
K290.1/.7　　各代总志
　　　　　　《元一统志》《明一统志》等入此。依中国时代表分。
K291/297　　各省、市区史志
　　　　　　依中国地区表分。

（5）除人物传记和跨两个时代的作家作品集外，凡文献内容涉及时代表中的两个时代的，应归入前一个时代；凡涉及三个以上时代的，应以其概括时代号码复分。例如，《中国隋唐经济史》入 F129.41，不能入 F129.42 或 F129.4。

4.7.1.5 中国民族表

1. 中国民族表的编制。

中国民族表按中国现有民族进行编列，以双位数字制编号。

2. 中国民族表使用要点。

（1）主表中的类目，凡注明"依中国民族表分"的，均可使用本表复分，将有关复分号码加在主类号之后即可。

（2）主表中某些类目未注明"依中国民族表分"（不管类目是否具有"中国"属性），但需依中国民族复分的，应先在中国民族子目号前加上中国民族代号"2"，再用民族区分号""（双引号）引起，加在主类号之后。例如，《苗族工艺美术图案集》入 J522.8"216"。

J522.8　　少数民族图案

（3）主表中某些具有中国属性的类号（末位用 1/8 连接的一组类号），末位号码与本表部分号码含义相同，复分时应去掉含义重复的号码。例如，《中国傣族史志》类号为 K285.3，不能给号为 K285.53。

K28　　　民族史志

K280.0　　各代民族总志

　　　　　依中国时代表分。

K280.1/.7　各省区民族总志

　　　　　依中国地区表分。

K281/288　各民族史志

　　　　　依中国民族表分。

K289　　　古代民族史志

　　　　　历史上的某一民族，如匈奴、突厥等的史志入此。

（4）凡涉及中国古代民族的文献，均归入"K289 古代民族史志"。例如，《早期党项史研究》入 K289；《突厥集史》入 K289。

4.7.1.6　世界种族与民族表

1. 世界种族与民族表的编制。

世界种族与民族表为第四版新增的通用复分表，分为种族和民族两部分。民族号与该民族主要聚集地的国家号基本一致。

2. 世界种族与民族表使用要点。

（1）主表的类目，凡注明"依世界种族与民族表分"者，均可使用本表复分，将有关复分号码加在主类号之后即可。例如，《中华民族精神读本》入 C955.2；《凝视中国：外国人眼里的中国人》入 C955.2（民族性—研究—中国）。

C955　　　民族性、民族心理
　　　　　　依世界种族与民族表分。

R79　　　外国民族医学
　　　　　　依世界种族与民族表分。

（2）主表的类目，虽未注明"依世界种族与民族表分"，但需依世界种族与民族表分时，可将复分子目号用民族区分号" "引起，加在主类号之后。例如，《爪哇人遗传性疾病》入 R596"342.1"。

R596　　　遗传性疾病

（3）中国少数民族与世界民族有交叉时，凡专论中国少数民族或中国编著、出版的兼论中国少数民族的著作，用"中国民族表"区分；凡综合论述某个民族（包括中国的少数民族）或外国编著、出版的兼论中国少数民族的著作，用"世界种族与民族表"区分。

4.7.1.7　通用时间、地点和环境、人员表

1. 通用时间、地点和环境、人员表的编制。

通用时间、地点和环境、人员表按通用时间和通用地点等编列，主要用于资料的分类。

2. 通用时间、地点和环境、人员表使用要点。

（1）主表中的类目，凡需使用本表复分的，均将该复分号码用"< >"括起，加在主类号之后。例如，《鼻咽癌的早期诊断》入 R739.630.4<143>。

R739.63　　　咽肿瘤
　　　　　　鼻咽肿瘤入此。

（2）主表中的类目，凡已明确具有本表区分内容的，则不应再使用本表复分。例如，TU742 可以表示为冬季建筑施工技术，不能给号为 TU742<114>；同样的道理，TU743 可以表示为雨季建筑施工技术，不能给号为 TU743<116>。

TU7　　　　建筑施工
TU74　　　 施工技术
TU742　　　冬季施工
TU743　　　雨季施工

4.7.2　专类复分表

专类复分表是编列于主表有关类中或通用复分表类中，专供特定类目细分使用的复分表。《中图法》第四版主表共编列专类复分表 67 个。此外，"总论复分表""中国地区表"中还各编列一个供通用复分子目细分的专类复分表。

专类复分表的标记符号采用单纯的阿拉伯数字，N/X 各类的专类复分号前一律冠有"0"。专类复分表两侧以竖线括之以示醒目。

专类复分表使用要点：

1. 专类复分表只限在类目注释规定的类目范围内使用（用户另有规定者除外）。专类复分号只能依附于主类号，不能单独使用。使用时将专类复分号按有关类目注释说明加在主类号之后。

2. 本分类法中的专类复分表往往与有关通用复分表结合使用，复分时应依据类目规定的使用范围和次序进行复分。例如，美国对外贸易史类号为 F757.129。

F753/757　　各国对外贸易
　　　　　　　依世界地区表分，再依下表分。

0	对外贸易政策

65	各种商品贸易
	仿 F762/769 分。
8	与各国贸易关系
	依世界地区表分。
9	对外贸易史

3. 部分专类复分表中的子目，还采取了仿内部子目分、仿有关主表类目分、依其他专类复分表或通用复分表分的手段，使用时应注意有关规定。例如，美国农产品对外贸易类号为 F757.126.52（F762 农产品）；美国与英国的贸易关系类号为 F757.128.561；日本近代诗歌集类号为 I313.24；法国现代长篇科幻小说类号可以细分为 I565.455。

I3/7	各国文学
	依世界地区表分，再依下表分。
09	文学史、文学思想史
092	古代
093	中世纪
094	近代
095	现代

2	诗歌
	仿 09 分。
3	戏剧文学
	仿 09 分。
4	小说
	仿 09 分。如有必要，可再依 124 小说题材复分表分。

I24　　　小说
5　　　科学小说、科幻小说

4. 主表中哲学及社会科学各类，凡属上位类目，在依专类复分表复分时，应在复分子目号前加"0"。例如，北美对外贸易史配号 F757.109，不能给号 F757.19，必须在复分子目号前加"0"。

此规定仅限于按层累制编号的类目。如果某类目在概念上虽是上位类，但在编号上与其下位类采用同级类号，依专类复分表复分时，不用在复分号前加"0"。

5.N/X 自然科学各类中的专类复分表，编制标记符号时已统一在各专类复分号前冠以"0"，凡依这些专类复分表复分，均无须在复分号前加"0"。例如，山东省金矿分布可以表示为 P618.510.625.2；贵重金属矿的勘探可以表示为 P618.508。

P618　　　矿床分类

P618.1/619.29　各种矿床
　　　　可依下表复分。

01　　成因

06　　地区分布
　　　依世界地区表分，中国再依中国地区表分。

08　　普查、勘探

P618.5　　贵重金属

P618.51   金

P618.52   银

4.7.3 类目之间的仿分

利用相临或相关类目的子目,作为有关类目复分依据的组配编号法,称为仿分。类目仿分与依专类复分表复分,都可以使主类号达到组配细分的效果。类目之间的仿分更具有灵活性,也可以增强主类号细分的层次。《中图法》运用仿分有两种类型,即临近类目仿分和仿总论性类目分。

4.7.3.1 临近类目仿分

临近类目仿分是指当一组相邻的类目以相同的分类标准展开时,一般将在前面的一个类目详细展开,后面的类目不再展开列举,而是分别仿照前面已展开的子目细分,这样可以大大缩减类目表的篇幅。也有些是前面的类目仿照后面的类目复分。临近类目仿分的特点是:仿分类目与被仿分类目基本是性质相同的类目;某类目所仿分的一组子目,与该类目拟细分的分类标准是一致的;临近类目仿分都是规定在特定类目下进行的。例如:

H3   常用外国语

H31   英语

H313   语义、语用、词汇、词义

H314   语法

H315   写作、修辞

H315.9   翻译

H316   词典

H319   英语教学

H319.4   读物

以提高阅读能力为目的的各科简易读物、对照读物、注释读物入此。

如愿细分，可用组配编号法。例：《解剖学（英汉对照）》为 H319.4：R322。

H319.6　　习题、试题

H319.9　　会话

H32/37　各种常用外国语

　　　　均可仿 H31 分。

H32　　　法语

H33　　　德语

H34　　　西班牙语

H35　　　俄语

H36　　　日语

H37　　　阿拉伯语

4.7.3.2　仿总论性类目分

《中图法》类目编列的基本模式是将一个类目区分为两大部分，前面编列总论性类目，按事物或问题的方面横向展开；后面编列专论性类目，按事物或问题的类型纵向展开。这两部分的分类标准是不同的。表达事物或问题的专论性类目，仿照总论性类目细分，就称为仿总论性类目分。其特点是：仿分与被仿分类目具有不同的性质；某类目所仿分的一组子目，与该类目拟细分的分类标准是不同的；仿总论性类目分，通常都是在一组类目范围进行的。仿总论性类目分，又分为专论仿总论（通论）分和具体问题仿"一般性问题"分两种类型。

F4　　　　工业经济

F40　　　 工业经济理论

| F401 | 工业经济结构与体制 |

| F406 | 工业企业组织与管理 |
| F407 | 工业部门经济 |

———————————

F407.1/.9　各工业部门经济

　　　　　　如有必要，可仿 F401/406 分。

| F407.1 | 地质、矿业 |

| F407.8 | 轻工业、手工业 |
| F407.9 | 建筑、水利工程 |

F76	商品学
F760	一般性问题
F760.1	商品目录
F760.2	商品分类

| F760.6 | 商品检验 |

———————————

F762/769　各种商品

　　　　　　可仿 F760 分。

| F762 | 农产品 |
| F762.1 | 粮食 |

| F769 | 其他产品 |

4.7.3.3 类目仿分组号要点

1. 类目仿分应依据主表有关类目注释规定的范围进行仿分，凡不在限定范围之内的类目不得随意仿分。如用户需要对某些类目进一步仿分，应在使用本上作出明确的规定。

2. 类目仿分必须严格根据注释规定的仿分次序进行。

3. 凡"各国"仿"中国"分的类目，如同时涉及时代复分的，应将依"中国时代表分"自行转换为依"国际时代表分"。

4. 当被仿分的是用"/"连接的一组类目时，应注意根据被仿分类号的配号特点（借同位类号码），正确组号。

5. 主表中的类目，凡不需按类目注释要求依次仿分者，当跨越某一仿分区段，再继续依其他标准复分或仿分时（仿"一般性问题"分，或依自然科学各类专类复分表复分除外），应在该复分号或仿分号前加"0"。例如，法国长篇科幻小说类号为 I565.405（未仿 I3/7 专类复分表中的 09 分）。

6. "K2 中国史"类目下各断代史类目仿 K20 通史分时，规定一律在仿分号前加"0"，这是一个特例。例如，中国明代文化史类号为 K248.03，中国明清史通俗读物类号为 K248.09（不能加"00"）。

K2　　　中国史

K20　　　通史

K201　　　革命史

K203　　　文化史

K209　　　普及读物

K21/27　　中国各代史

　　　　　均可仿 K20 分，仿分时一律冠"0"。

K248　　　明（1368～1663 年）

　　　　　总论明清史的著作入此。

K248.1　　洪武至宣德（1368～1435 年）

7. 主表中的类目凡仿"一般性问题"分者，应在仿分号前加"0"。例如，粮食商品的检验类号为 F762.106，农产品目录类号为 F762.01（不能加"00"）。

需要注意的是，凡属以下特殊情况，仿分时不要在仿分号前加"0"。其实质都是属于临近类目的仿照复分，即利用有关"一般性问题"的子目，作为本类展开的依据，因此无须加"0"。

（1）属于"一般性问题"仿"一般性问题"分的类目。

（2）某些类目按注释规定只允许依"一般性问题"类目下的个别子目仿分时。

（3）如果"一般性问题"类目下的个别子目仿其他"一般性问题"分，则应当加"0"。

4.7.4　冒号组配技术与应用

4.7.4.1　冒号组配技术在《中图法》中的应用

冒号组配是将概念相关的两个或多个类目（主类号）通过组配符号"："连接在一起，以表达一个分类表未列举的较专指或较复杂检索主题的标引技术。冒号组配法不仅可以满足类目细分需求，提高分类专指度，增强类目表容纳性能，而且可以通过概念组配合成新的主题，提高体系分类法描述复杂主题的能力，并在一定程度上增强体系分类法多途径检索的性能。鉴于等级体系分类法的编制结构难以适应广泛地进行组配的要求，本分类法只是有限地采用了冒号组配技术。

1. 通过冒号组配法，使某些专论性问题的集中分类或分散分类，为用户提供一种选择。例如：

O29　应用数学

　　　总论入此。具体应用入有关各类。例：工程数学入 TB11。

　　　如愿将各种应用数学集中于此，可用组配编号法。例：工程数学为 O29：TB11。

2. 通过冒号组配法，对某些类目进行细分。例如，《解剖学（英汉对照）》类号为 H319.4：R322；《比尔·克林顿（校园中英对照读物）》类号为 H319.4：K837.127。

R322 人体解剖学；K837.127=6 为比尔·克林顿的个人传记号。

4.7.4.2　冒号组配法使用要点

1. 图书分类，除主表规定可用组配编号的类目外，一般不再扩大组配编号的范围；资料分类，可根据标引的需要和概念组配的原则，较灵活地运用组配编号法标引复杂主题或对类目进行细分。

2. 凡主表中已经列出的主题，均不得再用冒号组配法组配表达，以避免同一主题的分类标引不一致。例如，G40-051 教育统计学；G40-052 教育社会学；G40-053 教育政治学，等等。

3. 凡通过主类号的复分、仿分可以表达的主题，不得使用冒号组配法标引。例如，《现代物理学哲学问题》入 O4-02（依总论复分表 -02 复分），不能用冒号组配为 O4：B。

4. 主表类目经复分或仿分后组合的类号，可以用于组配。例如，《比尔·克林顿（校园中英对照读物）》可以组配为 H319.4：K837.127=6。

5. 用于新主题合成时，应根据被标引主题使用最专指类目的类号进行组配。例如，G40-051 教育统计学，如果要集中分类、启用交替类目 [C82]，冒号组配类号为 C82：G40-051，不能配号为 C82：G40。

6.用于类目细分时，组配类号的级位可根据用户单位该文献的数量自行确定，并记录在使用本上，以保证该类文献组配标引的一致性。例如，《比尔·克林顿（校园中英对照读物）》可根据需要标引为 H319.4：K，H319.4：K81，…，H319.4：K837.127 等。

7.在给图书分类时，属于多重列举的类目，凡注释中已明确规定采用最前标号法或最后标号法的，不宜再采用组配编号法标引。

第5章 计算机检索系统的文献标引

现代意义上的计算机技术起源于20世纪上半叶。随着计算机技术的不断发展与进步，20世纪60年代初，美国国会图书馆开始采用计算机管理图书馆业务，并试制MARC机读目录系统。70年代，USMARC研制成功并得到推广，掀起了一场编目技术的革命。迄今为止，世界上许多国家已直接利用MARC数据建立自己的书目数据库，实现了书目数据的计算机检索。

我国从20世纪80年代初开始对MARC进行研究，北京图书馆根据UNIMARC制定了《中国机读目录通讯格式》（China MARC，CNMARC），于1991年2月正式出版。在此之前，北京图书馆从1990年起正式发行中国国家书目机读目录数据，开创了中国中文文献编目的新纪元，为中文书目数据库奠定了基础。

CNMARC将每一条机读书目记录划分为10个功能块：0-- 标识块，1-- 编码信息块，2-- 著录信息块，3-- 附注块，4-- 款目连接块，5-- 相关题名块，6-- 主题分析块，7-- 知识责任块，8-- 国际使用块，9-- 国内使用块。标引工作使用"6-- 主题分析块"，包括主题标引与分类标引两部分，主要由600、601、605、606、607、610、690等字段组成。

6-- 主题分析块（Subject Analysis Block）：主题分析块是用来记录从主题表和分类表选取，用于描述文献主题内容的数据字段。该块是通过不同的字段来记录不同类型的主题标目的，主题标目的基本元素（$a）是主题标目的主要成分，不可重复；其他各种附加成分都是主题标目的次要成分，是修饰、补充和说明主要成分内容的，一般都可重复。

中文图书书目记录的主题分析块使用下列字段：

主题标目

    600   个人名称主题

    601   团体名称主题

    605   题名主题

    606   普通主题（学科名称主题、论题名称主题）

    607   地理名称主题

    610   非控主题词

分类号

    690   中国图书馆分类法分类号

下面结合中文图书说明各字段的标引方法。

5.1　600 个人名称主题

个人名称主题（Personal Name Used as Subject）。

1. 字段定义。

本字段记录以个人名称为研究对象的文献主题。该个人名称取自主题规范表，为规范化的检索点形式，并选用其他子字段来描述补充主题信息，同样取自主题规范表。

2. 出现情况。

选择使用，可重复。

3. 指示符。

（1）指示符 1：空（未定义）。

（2）指示符 2：名称著录方式指示符。

表示该名称是用直序方式著录还是用倒序方式著录。

0＝直序著录（如中国人名）

1＝倒序著录（姓为标目基本元素）

4. 描述主标目（主标题）的子字段。

$a 标目基本元素：本子字段只记录个人名称的主要成分。如果使用本字段，则本子字段必备。不可重复。

$b 名称的其余部分：若 $a 记录个人名称的姓部分或家族名称，则本子字段记录该个人名称的其余部分（如名、教名），且指示符 2 应置值 1。不可重复。

$c 名称的附加成分：本子字段记录该个人名称的补充说明成分。如职称、爵位、学位、官职、职业、性别等。可重复。

$d 世次：本子字段记录常与教皇、牧师、王族成员名称连在一起的罗马数字或世次。如果使用了本子字段，则指示符 2 应置值 0。不可重复。

$f 日期：本子字段记录个人名称的生卒年或事业活动、创作高峰期。不可重复。

5. 描述副标目（副标题、副副标题）的子字段。

$j 形式复分：本子字段记录图书本身的资料种类或形式，即文献类型因素。可重复。一般排在所有子字段的最后。例如，百科全书、年鉴、手册、论文集、文摘、索引、教材等。当某种文献类型因素已构成文献主题概念的一部分时，则不使用该子字段，使用 $a 或 $x 等其他子字段。

$x 主题复分：本子字段记录与主标目有概念逻辑限定关系的主题词，以便更明确地描述出主题标目的内容。可重复。

$y 地理复分：本子字段记录主题标目所描述的地理范围的主题词，即空间因素，以便更明确地描述出与主题标目基本元素相关的空间概念。可重复。

$z 年代复分：本子字段记录主题标目所描述的时间范围的主题词，即时间因素，以便更明确地描述出与主题标目基本元素相关的时间概念。可重复。

6. 连接主题标目与规范记录的子字段。

$2 主题规范表代码：本子字段记录主题标目所使用的主题规范表代码。《中分表》的代码为 CCT，《汉语主题词表》的代码为 CT。不可重复。

$3 主题规范记录号：本子字段记录本主题标目的规范记录号。不可重复。

7. 字段内容说明。

本字段记录的个人名称取自主题规范表，因此 $a、$b、$c、$d、$f 的内容必须和主题规范记录的 200 字段完全相同，$j、$x、$z（公元纪年除外）的内容必须和主题规范记录的 250 字段完全相同，$y 的内容必须和主题规范记录的 215 字段完全相同。

8. 个人名称主题字段的标引方法。

在主题标引中，当文献研究或论述的对象为某个人物时，该人物名称可以（根据主题规范表的收词情况）标引为主标题，直接选用"6-- 主题分析块"中的"600 个人名称主题"字段标引。

（1）按照《中国文献编目规则》（第二版）第二部分标目法、《中文图书名称规范款目著录规则》《中国机读规范格式使用手册》的规定，不论是东方语言国家（如中国、日本、韩国、朝鲜、越南等），还是西方语言国家（如英国、法国、德国、俄国等）的个人名称；也不论个人名称是姓在前还是名在前，其中文个人名称均采取直序著录方式，"600 个人名称主题"字段的指示符 2 均为"0"（不能有"$b 名称的其余部分"子字段），外国人姓名原文可作为附加成分著录于"$c 名称的附加成分"子字段。

$a、$b、$f 子字段不可重复；$c 子字段可重复。

例 1：200　　1#$a 李时珍研究集成

　　　　600　　#0$a 李时珍 $f（1518—1593）$x 人物研究

　　　　690　　##$aK826.2=48$v5

例 2：200　　1#$a 尼克松

　　　　600　　#0$a 尼克松 $c（Nixon, Richard Milhous$f1913—1994）$x 传记

　　　　690　　##$aK837.127=536$v5

（2）可以选用 $x、$y、$z、$j 子字段来描述补充主题信息，均可重复。

例 1：200　　1#$a 共和国主席刘少奇 $e 摄影集

　　　　600　　#0$a 刘少奇 $f（1898—1969）$x 生平事迹 $j 摄影集

690　　##$aK827=72$v5

例2：200　　1#$a 为道日损 $e 八大山人画语解读

600　　#0$a 八大山人 $f（1626—1706）$x 中国画 $x 绘画评论

690　　##$aJ212.052$v5

（3）如果文献主题涉及多个人物，可分组标引，重复使用"600个人名称主题"字段。

例1：200　　1#$a 丁玲与周扬的恩怨

600　　#0$a 丁玲 $f（1904—1986）$x 生平事迹

600　　#0$a 周扬 $f（1908—1989）$x 生平事迹

690　　##$aK825.6=74$v5

（4）个人名称与其他词汇组合而成的专指主题词，不能录入"600个人名称主题"字段，应按其性质录入其他相关的主题字段。

例1：200　　1#$a 郑和远航与世界文明 $e 纪念郑和下西洋600周年论文集

606　　0#$a 郑和下西洋 $x 研究

690　　##$aK248.105$v5

例2：200　　1#$a 马克思主义哲学原理

606　　0#$a 马克思主义哲学 $x 高等学校 $j 教材

690　　##$aB0–0$v5

例3：200　　1#$a 用分层对应筛法对"哥德巴赫猜想"的证明

606　　0#$a 哥德巴赫猜想 $x 研究

690　　##$aO156.4$v5

5.2　601 团体名称主题

团体名称主题（Corporate Body Name Used as Subject）。

1. 字段定义。

本字段记录以团体名称为研究对象的文献主题。该名称取自主题规范表，为规范检索点形式，并选用其他子字段来描述补充主题信息，同样取自主题规范表。

2. 出现情况。

选择使用，可重复。

3. 指示符。

（1）指示符 1：名称性质指示符。

表示该名称是一般团体名称还是会议名称。

  0＝一般团体名称

  1＝会议名称

（2）指示符 2：名称著录方式指示符。

  0＝倒序著录：团体或会议名称以个人名称的首字母缩写或名开头。

  1＝地名著录：以地名开头的团体或机构名称。

  2＝直序著录：中文图书一律采用直序著录。

4. 描述主标目（主标题）的子字段。

$a 标目基本元素：本子字段只记录团体名称的主要成分。如果使用本字段，则本子字段必备。不可重复。

$b 次级机构名称：若团体名称包含层次，本子字段记录其下级机构名称；若以地名著录标目基本元素，则本子字段记录该团体名称。不含区分团体的其他附加成分。若该团体名称包含多层次级机构，本子字段可重复。

$c 名称的附加成分：本子字段记录该团体名称的补充、修饰成分。可重复。

$d 会议届次：本子字段记录会议届次。不可重复。

$e 会议地点：本子字段记录会议召开地点。不可重复。

$f 会议日期：本子字段记录会议召开日期。不可重复。

$g 倒置部分：为便于检索，将团体名称的前面部分移置后面。本子字段记录该后置部分。不可重复。

5. 描述副标目（副标题、副副标题）的子字段。

$j 形式复分：本子字段记录图书本身的资料种类或形式，即文献类型因素。可重复。一般排在所有子字段的最后。例如，百科全书、年鉴、手册、论文集、文摘、索引、教材等。当某种文献类型因素已构成文献主题概念的一部分时，则不使用该子字段，使用 $a 或 $x 等其他子字段。

$x 主题复分：本子字段记录与主标目有概念逻辑限定关系的主题词，以便更明确地描述出主题标目的内容。可重复。

$y 地理复分：本子字段记录主题标目所描述的地理范围的主题词，即空间因素，以便更明确地描述出与主题标目基本元素相关的空间概念。可重复。

$z 年代复分：本子字段记录主题标目所描述的时间范围的主题词，即时间因素，以便更明确地描述出与主题标目基本元素相关的时间概念。可重复。

6. 连接主题标目与规范记录的子字段。

$2 主题规范表代码：本子字段记录主题标目所使用的主题规范表代码。《中分表》的代码为 CCT，《汉语主题词表》的代码为 CT。不可重复。

$3 主题规范记录号：本子字段记录本主题标目的规范记录号。不可重复。

7. 字段内容说明和使用方法。

本字段记录的团体名称取自主题规范表，因此 $a、$b、$c、$d、$e、$f、$g 的内容必须和主题规范记录的 210 字段完全相同，$j、$x、$z（公元纪年除外）的内容必须和主题规范记录的 250 字段完全相同，$y 的内容必须和主题规范记录的 215 字段完全相同。

8. 团体名称主题字段的标引方法。

在主题标引中，当文献研究或论述的对象为某个团体时，该团体名称可以（根据主题规范表的收词情况）标引为主标题，直接选用"6-- 主题分析块"中的"601 团体名称主题"字段标引。

（1）中文团体名称一律采用直序方式著录，指示符 2 固定为"2"，一般团体名称指示符为"02"，会议名称指示符为"12"，可以选用 $x、$y、$z、$j 子字段来描述补充主题信息，均可重复。

例 1： 200 1#$a 松下模式 $e 人性管理的 8 个黄金法则
　　　　601 02$a 松下电气工业公司 $x 工业企业管理 $x 经验
　　　　690 ##$aF431.366$v5

例 2：200　1#$a 中共成都地方历史大事记 $e1990 ～ 2003

　　　　601　02$a 中国共产党 $x 党史 $x 大事记 $y 成都 $z1990—2003

　　　　690　##$aD235.711$v5

例 3：200　1#$a 万隆精神普照大地 $e 纪念亚非会议 50 周年

　　　　601　12$a 亚非会议 $f（1955）$j 纪念文集

　　　　690　##$aD814.1-53$v5

例 4：200　1#$a 走进遵义会议会址

　　　　601　12$a 遵义会议 $f（1935）$x 纪念馆 $x 介绍

　　　　690　##$aK928.727.33$v5

（2）如果文献主题涉及多个团体，并且分别论述，应分组标引，重复使用"601 团体名称主题"字段。

例 1：200　1#$a 八路军新四军全面抗战实纪

　　　　601　02$a 八路军 $x 抗日战争时期战役战斗 $j 史料

　　　　601　02$a 新四军 $x 抗日战争时期战役战斗 $j 史料

　　　　690　##$aE297.3$v5

例 2：200　1#$a 台前幕后 $e1949 ～ 1989 年的国共关系

　　　　601　02$a 中国共产党 $x 关系 $x 中国国民党 $z1949—1989$j 史料

　　　　606　0#$a 台湾问题

　　　　690　 ##$aK270.6$v5

　　　　690　##$aD618$v5

（3）团体名称与其他词汇组合而成的非团体名称专指主题词，不能录入"601 团体名称主题"字段，应按其性质录入其他相关的主题字段。

例 1：200　1#$a 大阅兵 $e 摄影集

　　　　606　0#$a 中国人民解放军军史 $z1927—2002$j 摄影集

　　　　690　##$aE297.2-64$v5

例 2：200　1#$a 跨世纪精神文明建设的行动纲领 $e 中共十四届六中全会决议学习读本

601　12$a 中国共产党十四届六中全会 $f（1996）$x 文件 $j 学习参考资料

606　0#$a 社会主义精神文明建设 $y 中国 $j 学习参考资料

690　##$aD229$v5

690　##$aD648$v5

（4）各专科、专题的学术会议会议录、论文集，专科、专题对应的主题词是主题标引的主要对象，应选择为主标题，录入 606 普通主题字段或其他主题字段。学术会议名称不是文献的研究对象，主题标引可以不考虑，其信息可在"2--著录信息块"或"7--知识责任块"反映。

例1：200　1#$a 中国科学院第十二次图书馆学情报学科学讨论会文集

606　0#$a 图书馆学 $j 文集

606　0#$a 情报学 $j 文集

690　##$aG250.1–53$v5

690　##$aG250.2–53$v5

例2：200　1#$a 中国地震学会第八次学术大会论文摘要集

606　0#$a 地震学 $j 文集

690　##$aP315–53$v5

5.3　605 题名主题

题名主题（Title Used as Subject）。

1. 字段定义。

本字段记录以文献题名为研究对象的主题。该名称取自主题规范表，为规范检索点形式，并选用其他子字段来描述补充主题信息，同样取自主题规范表。

2. 出现情况。

选择使用，可重复。

3. 指示符。

指示符 1：空（未定义）。

指示符 2：空（未定义）。

4. 描述主标目（主标题）的子字段。

$a 标目基本元素：本子字段只记录图书的简略题名或正题名。不可重复。

$h 分卷册编次：本子字段记录题名的分卷册编次。可重复。

$i 分卷册题名：本子字段记录题名的分卷册题名。可重复。

$k 出版日期：本子字段记录为区分题名而附加的出版日期。不可重复。

$l 形式副标目：补充说明统一题名的标准短语。不可重复。

$n 其他题名信息：本子字段记录该著作的其他说明文字，包括一般资料标识。可重复。

$q 版本：本子字段记录题名中的版本标识，也可包括原始日期。不可重复。

5. 描述副标目（副标题、副副标题）的子字段。

$j 形式复分：本子字段记录图书本身的资料种类或形式，即文献类型因素。可重复。一般排在所有子字段的最后。例如，百科全书、年鉴、手册、论文集、文摘、索引、教材等。当某种文献类型因素已构成文献主题概念的一部分时，则不使用该子字段，使用 $a 或 $x 等其他子字段。

$x 主题复分：本子字段记录与主标目有概念逻辑限定关系的主题词，以便更明确地描述出主题标目的内容。可重复。

$y 地理复分：本子字段记录主题标目所描述的地理范围的主题词，即空间因素，以便更明确地描述出与主题标目基本元素相关的空间概念。可重复。

$z 年代复分：本子字段记录主题标目所描述的时间范围的主题词，即时间因素，以便更明确地描述出与主题标目基本元素相关的时间概念。可重复。

6. 连接主题标目与规范记录的子字段。

$2 主题规范表代码：本子字段记录主题标目所使用的主题规范表代码。《中分表》的代码为 CCT，《汉语主题词表》的代码为 CT。不可重复。

$3 主题规范记录号：本子字段记录本主题标目的规范记录号。不可重复。

7. 字段内容说明和使用方法。

本字段记录的文献题名取自主题规范表，因此 $a、$h、$i、$k、$l、$n、$q 的内容必须和主题规范记录的 230 字段完全相同。为便于完整地显示主标目概念，$j 子字段标引在 $q 子字段之后。$j、$x、$z（公元纪年除外）的内容必须和主题规范记录的 250 字段完全相同，$y 的内容必须和主题规范记录的 215 字段完全相同。

8. 题名主题字段的标引方法。

在主题标引中，当文献研究或论述的对象为某个作品时，该作品题名可以（根据主题规范表的收词情况）标引为主标题，直接选用"6-- 主题分析块"中的"605 题名主题"字段标引。

（1）本字段的主标目必须是某部作品的题名，包括文献研究或论述的任何载体形式的作品题名，如某部专著题名、某个文学作品题名、某部电影电视剧名、某部戏剧名、某幅画名、某个乐曲名等。这个题名通常应为作品的统一题名。可以选用 $x、$y、$z、$j 子字段来描述补充主题信息，均可重复。

例 1： 200　　1#$a 诗经心领

　　　　605　　##$a《诗经》$x 诗歌研究

　　　　690　　##$aI207.222$v5

例 2： 200　　1#$a 清明上河图 $e 赏邮票看故事

　　　　605　　##$a《清明上河图》$x 鉴赏

　　　　690　　##$aJ212.24$v5

例 3： 200　　1#$a《周易》与人生

　　　　605　　##$a《周易》$x 人生哲学 $x 研究

　　　　690　　##$aB221.5$v5

　　　　690　　##$aB821$v5

（2）如果文献主题涉及多个作品，可分组标引，重复使用"605 题名主题"字段。

例 1： 200　　1#$a 孙子兵法与三十六计的智慧

　　　　605　　##$a《孙子兵法》$j 通俗读物

　　　　　605　##$a《三十六计》$j 通俗读物

　　　　　606　0#$a 兵法 $y 中国 $z 古代

　　　　　690　##$aE892-49$v5

例 2：200　1#$a《论语》《孟子》疑义研究

　　　　　605　##$a《论语》$x 研究

　　　　　605　##$a《孟子》$x 研究

　　　　　606　0#$a 儒家

　　　　　690　##$aB222.25$v5

　　　　　690　##$aB222.55$v5

例 3：200　1#$a 孟子 庄子 老子 $e 最新图文普及版

　　　　　225　2#$a 青少年快读中华传统文化书系

　　　　　605　##$a《孟子》$j 青年读物

　　　　　605　##$a《庄子》$j 青年读物

　　　　　605　##$a《道德经》$j 青年读物

　　　　　606　0#$a 儒家

　　　　　606　0#$a 道家

　　　　　690　##$aB222.52$v5

　　　　　690　##$aB223.52$v5

5.4　606 普通主题

普通主题，又名学科名称主题、论题名称主题（Topical Name Used as Subject）。

1. 字段定义。

本字段记录以普通名称（学科术语、事物名称等）来描述文献主要内容的主题，即普通主题。普通主题词取自主题规范表，为规范检索点形式，并选用其他子字段来描述补充主题信息，同样取自主题规范表。

2. 出现情况。

选择使用，可重复。

3. 指示符。

（1）指示符1：主题词主次等级。

　　0＝主题词不分主次或难分主次

　　1＝主要词

　　表示该主题词可概括图书的中心主题内容。

　　2＝次要词

　　表示该主题词只能概括图书的次要内容。

　　＃＝无可用信息

国家图书馆主题标引对主题词不作主次区分，因此该指示符值固定为0。

（2）指示符2：空（未定义）。

4. 描述主标目（主标题）的子字段。

$a 标目基本元素：本子字段记录规范形式的普通主题词。不可重复。

5. 描述副标目（副标题、副副标题）的子字段。

$j 形式复分：本子字段记录图书本身的资料种类或形式，即文献类型因素。可重复。一般排在所有子字段的最后。例如，百科全书、年鉴、手册、论文集、文摘、索引、教材等。当某种文献类型因素已构成文献主题概念的一部分时，则不使用该子字段，使用$a或$x等其他子字段。

$x 主题复分：本子字段记录与主标目有概念逻辑限定关系的主题词，以便更明确地描述出主题标目的内容。可重复。

$y 地理复分：本子字段记录主题标目所描述的地理范围的主题词，即空间因素，以便更明确地描述出与主题标目基本元素相关的空间概念。可重复。

$z 年代复分：本子字段记录主题标目所描述的时间范围的主题词，即时间因素，以便更明确地描述出与主题标目基本元素相关的时间概念。可重复。

6. 连接主题标目与规范记录的子字段。

$2 主题规范表代码：本子字段记录主题标目所使用的主题规范表代码。《中分表》的代码为 CCT，《汉语主题词表》的代码为 CT。不可重复。

$3 主题规范记录号：本子字段记录本主题标目的规范记录号。不可重复。

7. 字段内容说明和使用方法。

本字段记录的主题词取自主题规范表，因此 $a、$j、$x、$z（公元纪年除外）的内容必须和主题规范记录的 250 字段完全相同，$y 的内容必须和主题规范记录的 215 字段完全相同。

8. 普通主题字段的标引方法。

在主题标引中，最大量的就是普通主题（非专有名词）的标引，即文献研究或论述的对象是某个学科、事物或问题，此时该学科、事物或问题对应的主题词可以选用"6-- 主题分析块"中的"606 普通主题"字段标引。

（1）普通主题字段的组配词序为：6060#$a 主体因素（$a 对象因素 $x 方面因素 $x 方法因素……）$x 通用因素 $y 位置因素 $z 时间因素 $j 文献类型因素。$x、$y、$z、$j 子字段均可重复。

例 1：200   1#$a 中国政治思想史

　　　606   0#$a 政治思想史 $y 中国 $x 高等教育 $j 教材

　　　690   ##$aD092$v5

例 2：200   1#$a 如何提升员工忠诚度

　　　606   0#$a 企业管理 $x 人事管理 $x 研究

　　　690   ##$aF272.92$v5

例 3：200   1#$a 山西 50 年财政统计

　　　606   0#$a 地方财政 $x 统计资料 $y 山西 $z1949—2000

　　　690   ##$aF812.725-66$v5

例 4：200   1#$a 中日矫正理念与实务比较研究

　　　606   0#$a 监狱制度 $x 对比研究 $y 中国 $y 日本

　　　690   ##$aD926.7$v5

　　　690   ##$aD931.367$v5

（2）如果一篇文献有多个主题，可分组标引，重复使用"606 普通主题"字段。

例 1： 200　　1#$a 鸡鸭鹅病诊断与防治原色图谱
　　　　　606　　0#$a 鸡病 $x 防治 $j 图谱
　　　　　606　　0#$a 鸭病 $x 防治 $j 图谱
　　　　　606　　0#$a 鹅病 $x 防治 $j 图谱
　　　　　690　　##$aS858.3-64$v5

5.5　607 地理名称主题

地理名称主题（Geographical Name Used as Subject）。

1. 字段定义。

本字段记录以地理名称为研究对象的文献主题。该名称取自主题规范表，为规范检索点形式，并附有其他子字段用来补充主题信息。

2. 出现情况。

选择使用，可重复。

3. 指示符。

（1）指示符 1：空（未定义）。

（2）指示符 2：空（未定义）。

4. 描述主标目（主标题）的子字段。

$a 标目基本元素：本子字段记录规范形式的地理名称。不可重复。

5. 描述副标目（副标题、副副标题）的子字段。

$j 形式复分：本子字段记录图书本身的资料种类或形式，即文献类型因素。可重复。一般排在所有子字段的最后。例如，百科全书、年鉴、手册、论文集、文摘、索引、教材等。当某种文献类型因素已构成文献主题概念的一部分时，则不使用该子字段，使用 $a 或 $x 等其他子字段。

$x 主题复分：本子字段记录与主标目有概念逻辑限定关系的主题词，以便更明确地描述出主题标目的内容。可重复。

$y 地理复分：本子字段记录主题标目所描述的地理范围的主题词，即空间因素，以便更明确地描述出与主题标目基本元素相关的空间概念。可重复。

$z 年代复分：本子字段记录主题标目所描述的时间范围的主题词，即时间因素，以便更明确地描述出与主题标目基本元素相关的时间概念。可重复。

6. 连接主题标目与规范记录的子字段。

$2 主题规范表代码：本子字段记录主题标目所使用的主题规范表代码。《中分表》的代码为 CCT，《汉语主题词表》的代码为 CT。不可重复。

$3 主题规范记录号：本子字段记录本主题标目的规范记录号。不可重复。

7. 字段内容说明和使用方法。

本字段记录的主题词取自主题规范表，因此 $a、$y 的内容必须和主题规范记录的 215 字段完全相同，$j、$x、$z（公元纪年除外）的内容必须和主题规范记录的 250 字段完全相同。

8. 地理名称主题字段的标引方法。

当文献研究或论述的对象为某一自然区域、某一历史地区或综述某一行政区域时，该自然地理名称、历史地名或政区名称（根据主题规范表的收词情况）应标引为主标题，直接选用 "6—— 主题分析块" 中的 "607 地理名称主题" 字段标引。

（1）本字段的主标目必须是地理名称，包括自然地理名称、历史地名及政区名称。本字段可重复，$x、$y、$z、$j 子字段均可重复。

例1： 200　1#$a 青藏高原的水资源

　　　607　##$a 青藏高原 $x 水资源 $x 研究

　　　690　##$aTV213$v5

例2： 200　1#$a 汉唐文化与高昌历史

　　　607　##$a 高昌（历史地名）$x 地方史 $x 研究 $z 汉代

　　　607　##$a 高昌（历史地名）$x 地方史 $x 研究 $z 唐代

　　　690　##$aK294.52$v5

例3： 200　1#$a 英法近代史

　　　607　##$a 英国 $x 近代史

  607 ##$a 法国 $x 近代史

  690 ##$aK561.4$v5

  690 ##$aK565.4$v5

例 4：200 1#$a 旧京述闻

  607 ##$a 北京 $x 地方志 $j 史料

  690 ##$aK291$v5

（2）地理名称与其他词汇组合而成的专指主题词，不能录入"607 地理名称主题"字段，应按其性质录入其他相关的主题字段。

例 1：200 1#$a 南京大学百年史

  601 02$a 南京大学 $x 校史

  690 ##$aG649.285.31$v5

例 2：200 1#$a 美国对外政策的政治学

  606 0#$a 美国对外政策 $x 研究 $z 现代

  690 ##$aD871.20$v5

例 3：200 1#$a 太平洋海空战

  606 0#$a 太平洋战争 $x 海战 $j 史料

  606 0#$a 太平洋战争 $x 空战 $j 史料

  690 ##$aE195.2$v5

5.6 610 非控主题词

非控主题词（Uncontrolled Subject Terms）。

1. 字段定义。

本字段记录根据文献主题内容自选的关键词，也称自由词，不取自主题规范表。

2. 出现情况。

选择使用，可重复。

3. 指示符。

（1）指示符1：主题词主次等级。

0＝主题词不分主次或难分主次

1＝主要词

表示该主题词可概括图书的中心主题内容。

2＝次要词

表示该主题词只能概括图书的非主要内容。

国家图书馆主题标引对主题词不作主次区分，因此该指示符值固定为0。

（2）指示符2：空（未定义）。

4. 子字段。

$a 非控主题词：本子字段记录主题词表中没有的未经规范的非控主题词。可重复。

5. 字段内容说明。

本字段记录的主题词不是取自《中分表》，而是从著作题名、章节或文献内容中选取可揭示文献主题内容的关键词，通常为名词、名词性词组或术语。

计算机主题检索系统在标引深度上优于手工检索系统很重要的一点是使用自由词标引，自由词标引是计算机主题检索的重要手段。

情报检索语言发展的过程，是一个不断自然语言化的过程。从国内外情况来看，在一个机检系统中自然语言与受控语言结合使用已成为一个显著的趋势。许多书目数据库由原来主要采用受控语言已逐步过渡到自然语言与受控语言结合使用，其方式就是增加自由词标引。自由词标引，一是加大了书目数据库的检索深度；二是较好地解决了读者界面，更适应读者使用自然语言检索；三是为词表的增补修订提供了文献数据保证。

6. 非控主题词字段的标引方法。

非控主题词不能单独使用，只能作为补充标引使用。一篇文献要先用正式主题词作较泛指的组配标引、上位词标引、靠词标引，再用非控主题词作较专指的标引，即作正式主题词和非控主题词的双重标引。较泛指的正式主题词提高了文献检全率，非控主题词在其中起着补充正式主题词专指度不足的作用。

例1： 200　　1#$a 博客 $e 信息革命最前沿的定位
　　　　606　　0#$a 互联网络 $x 网页 $x 研究
　　　　610　　0#$a 博客
　　　　690　　##$aTP393.409.22$v5

例2： 200　　1#$a 数字签名理论
　　　　606　　0#$a 电子计算机 $x 密码术
　　　　610　　0#$a 数字签名
　　　　690　　##$aTP309.7$v5

例3： 200　　1#$a 地藏菩萨大传
　　　　606　　0#$a 菩萨 $y 中国 $j 通俗读物
　　　　610　　0#$a 地藏菩萨
　　　　690　　##$aB949.92$v5

例4： 200　　1#$a 正说华夏十二相
　　　　606　　0#$a 政治家 $x 列传 $y 中国 $z 古代
　　　　610　　0#$a 宰相
　　　　690　　##$aK827=2$v5

（1）凡词表中已收入的有用代关系的主题词，被代用的非正式主题词（入口词）不能作为非控主题词标引。

例1： 200　　1#$a《煤矿安全规程》读本
　　　　606　　0#$a 矿山安全 $x 安全规程 $y 中国
　　　　610　　0#$a 煤矿安全 （错误标引）
　　　　690　　##$aTD7-65$v5

注：《中分表》规定"矿山安全 D 煤矿安全"。

例2： 200　　1#$a 魏晋玄学史
　　　　606　　0#$a 玄学 $x 思想史 $x 研究
　　　　610　　0#$a 魏晋玄学 （错误标引）
　　　　690　　##$aB235.05$v5

注：《中分表》规定"玄学 D 魏晋玄学"。

（2）如果有多个非控主题词需要标引，可以重复使用"610非控主题词"字段的"$a"子字段。

例1：200　1#$a 桑塔纳、捷达系列轿车电系维修587问

606　0#$a 轿车 $x 电气设备 $x 维修

610　0#$a 桑塔纳轿车 $a 捷达轿车

690　##$aU469.110.7$v5

（3）如果某些专有名词（个人名称、团体名称、题名、地理名称）由于受到主题词增词规则的限制，不易增词标引，在采取上位词标引、组配标引后，应为专有名词增加非控主题词标引，以增加文献的检准率，也为日后的主题词表增词提供文献保证。

例1：200　1#$a 吴双艺自说自话

606　0#$a 演员 $x 生平事迹 $y 中国 $z 现代

610　0#$a 吴双艺（1927—　）

690　##$aK825.78=76$v5

例2：200　1#$a 巴金的两个哥哥

600　#0$a 巴金 $f（1904—2005）$x 亲属 $j 纪念文集

610　0#$a 李尧枚（1897—1931）$a 李尧林（1903—1945）

690　##$aK825.4=6$v5

例3：200　1#$a 琼台三百年

606　0#$a 师范学校 $x 校史 $y 琼山市

610　0#$a 海南琼台师范学校

690　##$aG659.286.64$v5

例4：200　1#$a 前进中的杨贤江中学

606　0#$a 中学 $x 概况 $y 慈溪

610　0#$a 杨贤江中学

690　##$aG639.285.54$v5

例5：200　1#$a《寂静的春天》导读 $f 谢春著

606　0#$a 环境保护 $j 普及读物

610　0#$a《寂静的春天》
690　##$aX-49$v5

例6： 200　1#$a 忠县忠州镇志
607　##$a 忠县 $x 乡镇 $x 地方志
610　0#$a 忠州镇
690　##$aK297.195$v5

5.7　690《中国图书馆分类法》分类号

1. 字段定义。

本字段记录《中图法》（CLC）的分类号。该号是一个先组标引的完整分类号，不应是分类号的一部分。

2. 出现情况。

必备，可重复。

3. 指示符。

（1）指示符1：空（未定义）。

（2）指示符2：空（未定义）。

4. 子字段。

$a 分类号：本子字段记录取自分类表的完整分类号。不可重复。

$v 分类法版次：本子字段记录分类法的版次。不可重复。

5. 字段内容说明。

本字段记录《中图法》的分类号和版本标识。整个字段用单字节表示，分类号中的拉丁字母大写，分类法版本标识用阿拉伯数字。

国家图书馆文献分类标引深度为2，也就是说最多只提供两个分类号，只能有两个690字段。

例1： 200　1#$a 公司法论
330　##$a 本书论述台湾现行公司法的规定，包括公司法条文的释义、实务学说见解的分析，以及立法实施的阐明。
606　0#$a 公司法 $x 概论 $y 台湾

	690	##$aD927.580.229.191.1$v5
例2：	200	1#$a 网络环境下的电子商务与电子政务建设
	300	##$a "十一五" 高等学校应用型规划教材
	606	0#$a 电子商务 $x 高等学校 $j 教材
	606	0#$a 电子政务 $x 高等学校 $j 教材
	690	##$aF713.36$v5
	690	##$aD035-39$v5
例3：	200	1#$a 人口、资源与环境经济学
	300	##$a21 世纪高等院校教材
	606	0#$a 人口经济学 $x 高等学校 $j 教材
	606	0#$a 资源经济学 $x 高等学校 $j 教材
	606	0#$a 环境经济学 $x 高等学校 $j 教材
	690	##$aC92-05$v5
	690	##$aF062.1$v5
例4：	200	1#$a 牡蛎·蛤仔·鲍养殖
	300	##$a 福建省农村实用技术教材
	606	0#$a 牡蛎科 $x 贝类养殖 $j 教材
	606	0#$a 帘蛤科 $x 贝类养殖 $j 教材
	606	0#$a 鲍鱼 $x 贝类养殖 $j 教材
	690	##$aS968.31$v5
例5：	200	1#$a 高等数学 $h 上册 $i 微积分
	606	0#$a 高等数学 $x 高等教育 $j 教材
	606	0#$a 微积分 $x 高等教育 $j 教材
	690	##$aO13$v5
	690	##$aO172$v5

第 6 章　文献标引特殊规则

6.1　马列主义、毛泽东思想、邓小平理论文献的标引

这类文献主要包括革命领袖的原著、他人对革命领袖原著或理论的研究、革命领袖的传记，以及革命领袖理论的运用 4 个方面内容。

6.1.1　马列主义、毛泽东思想、邓小平理论文献的标引方法

马克思、恩格斯、列宁、斯大林、毛泽东、邓小平的原著，标引时应从学科内容和著者两个途径加以揭示和反映。具体的标引方法是用著作的学科概念主题词与"马克思著作""恩格斯著作""马恩著作""毛泽东著作""邓小平著作"等主题词组配标引。如果原著内容庞杂，可以直接选用上述著作类主题词与"文集""选集"等主题词组配标引。

1. 单篇原著的标引。

例 1：　200　　1#$a 自然辩证法 $f 恩格斯著

　　　　　606　　0#$a 自然辩证法 $x 恩格斯著作

　　　　　690　　##$aA124$v5

例 2：　200　　1#$a 论人民民主专政 $f 毛泽东著

　　　　　606　　0#$a 人民民主专政 $x 毛泽东著作

　　　　　690　　##$aA425$v5

例 3：　200　　1#$a 资本论 $e 政治经济学批判 $f 马克思著

606　　0#$a 马克思主义政治经济学 $x 马克思著作

　　690　　##$aA123$v5

2. 原著专题汇编的标引。

例1：200　　1#$a 马克思 恩格斯 列宁 斯大林 毛泽东论土地及其有关问题

　　606　　0#$a 土地问题 $x 马列著作

　　690　　##$aA566$v5

例2：200　　1#$a 马克思 恩格斯论无神论和宗教

　　606　　0#$a 无神论 $x 马恩著作

　　606　　0#$a 宗教学 $x 马恩著作

　　690　　##$aA163$v5

例3：200　　1#$a 毛泽东论教育

　　606　　0#$a 毛泽东教育思想 $x 毛泽东著作

　　690　　##$aA467$v5

3. 原著综合汇编的标引。

例1：200 1#$a 毛泽东选集手抄本 $f 毛泽东著 $g 王家斗书写

　　606　　0#$a 毛泽东著作 $j 选集

　　690　　##$aA41$v5

例2：200　　1#$a 邓小平西南工作文集

　　606　　0#$a 邓小平著作 $j 文集

　　690　　##$aA491$v5

6.1.2　马列主义、毛泽东思想、邓小平理论研究著作的标引

　　对马克思、恩格斯、列宁、斯大林、毛泽东、邓小平的原著或理论的研究著作，主要包括对单篇原著的研究、专题原著的研究、某方面理论的研究和综合理论的研究 4 个方面的内容。

　　1. 单篇原著研究著作的标引。

　　单篇原著的研究著作选择原著名称与"马克思著作研究""恩格斯著作研

究""马恩著作研究"等主题词组配标引,同时从原著的学科内容角度进行分析标引。

例1: 200　1#$a《资本论》学习与研究
　　　605　##$a《资本论》$x 马克思著作研究
　　　606　0#$a 马克思主义政治经济学
　　　690　##$aA811.23$v5

例2: 200　1#$a 恩格斯《社会主义从空想到科学的发展》详解与注释
　　　605　##$a《社会主义从空想到科学的发展》$x 恩格斯著作研究
　　　606　0#$a 科学社会主义理论
　　　690　##$aA811.24$v5

2.专题原著研究著作的标引。

专题原著的研究著作选择专题概念主题词与 "马克思著作研究""恩格斯著作研究""马恩著作研究""马列著作研究"等主题词组配标引。

例1: 200　1#$a 马克思恩格斯宗教理论探要
　　　606　0#$a 宗教 $x 马恩著作研究
　　　690　##$aA811.63$v5

例2: 200　1#$a 科学社会主义原著介绍
　　　606　0#$a 科学社会主义理论 $x 马列著作研究
　　　690　##$aA851.64$v5

3.某方面理论研究著作的标引。

表达某方面理论的学科主题词是标引的主要对象。

例1: 200　1#$a 毛泽东文艺思想与中国文艺实践
　　　606　0#$a 毛泽东文艺思想 $x 研究
　　　690　##$aA841.691$v5

例2: 200　1#$a 毛泽东民本思想研究
　　　606　0#$a 群众路线 $x 毛泽东思想研究
　　　690　##$aA841.64$v5

4. 综合理论研究著作的标引。

以"马克思主义""毛泽东思想""邓小平理论"等主题词为主标题标引。

例1： 200 1#$a 马克思主义研究的前沿问题

606 0#$a 马克思主义 $x 研究

690 ##$aA81$v5

例2： 200 1#$a 毛泽东思想概论

606 0#$a 毛泽东思想 $x 概论

690 ##$aA84$v5

例3： 200 1#$a 邓小平创新思想研究

606 0#$a 邓小平理论 $x 研究

690 ##$aA849$v5

例4： 200 1#$a 恩格斯经典著作选读释义 $f 李楠明，郭艳君，隽鸿飞编著

330 ##$a 本书包括《社会主义从空想到科学的发展》的学习指导和释义、《路德维希·费尔巴哈和德国古典哲学的终结》的学习指导和释义、《家庭、私有制和国家的起源》的学习指导和释义。

606 0#$a 恩格斯著作研究

690 ##$aA811.1$v5

6.1.3 六位革命导师传记文献标引

马克思、恩格斯、列宁、斯大林、毛泽东和邓小平的个人传记、生平、回忆录等，以人名为主标题，以"传记""生平事迹""回忆录"等为副标题组配标引。但是，如果有专指的先组词，比如"毛泽东传记""毛泽东年谱"等，应优先选用。

例1： 200 1#$a 马克思传

600 #0$a 马克思 $c（Marx, Karl$f1818—1883）$x 传记

690 ##$aA711$v5

例2： 200 1#$a 毛泽东在陕北

600 #0$a 毛泽东 $f（1893—1976）$x 生平事迹 $y 陕北地区

690   ##$aA752$v5

例 3： 200   1#$a 毛泽东传 $e1893—1949

606   0#$a 毛泽东传记 $z1893—1949

690   ##$aA751$v5

例 4： 200   1#$a 毛泽东年谱 $e 一八九三～一九四九

606   0#$a 毛泽东年谱 $z1893-1949

690   ##$aA753$v5

6.1.4　六位革命导师理论应用文献的标引

运用马克思列宁主义、毛泽东思想、邓小平理论对各学科门类的专题研究，按其内容分入有关各类。例如，马克思主义哲学入 B0-0；科学社会主义理论入 D0-0；马克思主义政治经济学入 F0-0。

例 1： 200   1#$a 艺术与人的解放 $e 现代马克思主义美学的主题学研究

606   0#$a 马克思主义美学 $x 研究

690   ##$aB83$v5

例 2： 200   1#$a 马克思主义文艺理论

606   0#$a 马克思主义 $x 文艺理论 $x 高等师范教育 $j 教材

690   ##$aI0$v5

例 3： 200   1#$a 马克思主义新闻观十五讲

606   0#$a 马克思主义 $x 新闻学 $x 研究

690   ##$aG210$v5

6.2　历史主题文献的标引

历史主题文献主要有两种类型：一种是综述某一区域、国家或国家以下地区的历史发展状况，标引时揭示其国家或地区名称十分重要；另一种是研究和论述专门学科历史发展状况，标引时应优先选用相应的专门学科史主题词为主标题。

1. 论述某一国家或国家以上地区的历史文献，地区因素是中心因素，选择相应的国家名称或国家以上地区名称与历史范畴中相应的主题词"历史""近代史"等组配标引。但是，如果词表中有表达复合概念的先组词（世界史、中国历史），应优先选用。

例1： 200　1#$a 印度古代史纲
　　　 607　##$a 印度 $x 古代史
　　　 690　##$aK351.2$v5

例2： 200　1#$a 简明日本通史
　　　 607　##$a 日本 $x 历史
　　　 690　##$aK313.0$v5

例3： 200　1#$a 十九世纪欧洲史
　　　 607　##$a 欧洲 $x 近代史 $z19 世纪
　　　 690　##$aK504$v5

例4： 200　1#$a 世界近现代史
　　　 606　0#$a 世界史 $x 近代史
　　　 606　0#$a 世界史 $x 现代史
　　　 690　##$aK14$v5
　　　 690　##$aK15$v5

例5： 200　1#$a 中国近现代史论丛
　　　 606　0#$a 中国历史 $x 近代史 $x 研究
　　　 606　0#$a 中国历史 $x 现代史 $x 研究
　　　 690　##$aK250.7$v5
　　　 690　##$aK260.7$v5

2. 朝代是指建立国号或国家的君主统治的整个时期，如先秦时代、隋唐时代、唐代、宋代、清代等。朝代有明确的时间和地域范围，有独立的检索意义，主题标引时可以作为主标题。具体情况如下：当文献论述某一个朝代的历史时，应以朝代主题词为主标题。

例1： 200　1#$a 元史

606 0#$a 元代 $x 历史 $j 纪传体

690 ##$aK247.042$v5

例2：200 1#$a 战国策

605 ##$a《战国策》$x 译文

606 0#$a 战国时代 $x 历史 $j 史料

690 ##$aK231.04$v5

例3：200 1#$a 回味唐朝 $e 波澜盛世

606 0#$a 唐代 $x 历史 $j 通俗读物

690 ##$aK242.09$v5

例4：200 1#$a 晚明史论 $e 重新认识末世衰变

606 0#$a 晚明 $x 历史 $x 研究

690 ##$aK248.307$v5

例5：200 1#$a 清朝全史

606 0#$a 清代 $x 历史

690 ##$aK249$v5

例6：200 1#$a1908 帝国往事

606 0#$a 清后期 $x 历史 $z1908$j 史料

690 ##$aK257.06$v5

例7：200 1#$a 大明日落 $e 崇祯王朝的人与事

606 0#$a 晚明 $x 历史 $z 崇祯（1628—1644）$j 通俗读物

690 ##$aK248.309$v5

例8：200 1#$a 燕国史稿

606 0#$a 燕国（前11世纪—前222）$x 历史 $x 研究

690 ##$aK224.07$v5

3. 国家以下地方史志，政区名称选取最专指的一级与"地方史""地方志"组配标引。中国的地方史志、县及县以上（中央直辖市属各区）地区名称可直接标引；非中央直辖市区史志、乡镇史志、村史志选用最直接的县市（中央直辖市属各区）名称标引，区名、乡镇名、村名作为非控主题词标引在 610 字段。

例 1： 200 　 1#$a 北京史话

　　　　 607 　 ##$a 北京 $x 地方史 $z1840—1949$j 史料

　　　　 690 　 ##$aK291$v5

例 2： 200 　 1#$a 贵州近代史

　　　　 607 　 ##$a 贵州 $x 地方史 $z 近代

　　　　 690 　 ##$aK297.3$v5

例 3： 200 　 1#$a 古代益阳研究

　　　　 607 　 ##$a 益阳 $x 地方史 $x 研究 $z 古代

　　　　 690 　 ##$aK296.43$v5

例 4： 200 　 1#$a 秀山县志

　　　　 607 　 ##$a 秀山土家族苗族自治县 $x 地方志

　　　　 690 　 ##$aK297.194$v5

例 5： 200 　 1#$a 板桥镇志

　　　　 607 　 ##$a 保山市 $x 乡镇 $x 地方志

　　　　 610 　 0#$a 板桥镇

　　　　 690 　 ##$aK297.45$v5

例 6： 200 　 1#$a 大团镇志

　　　　 607 　 ##$a 南汇区 $x 乡镇 $x 地方志

　　　　 610 　 0#$a 大团镇

　　　　 690 　 ##$aK295.15$v5

例 7： 200 　 1#$a 玉树村志

　　　　 607 　 ##$a 广州 $x 村史

　　　　 610 　 0#$a 玉树村

　　　　 690 　 ##$aK296.55$v5

例 8： 200 　 1#$a 哈尔滨市太平区志

　　　　 607 　 ##$a 哈尔滨 $x 地方志

       610   0#$a 太平区

       690   ##$aK293.54$v5

例9： 200   1#$a 南宁市郊区志

       607   ##$a 南宁 $x 郊区 $x 地方志

       690   ##$aK296.74$v5

4. 专门学科史的主题标引。当词表中有对应专门学科史主题词时，直接选用；当词表中没有对应专门学科史主题词时，选用专门学科概念主题词与上位专门学科史主题词组配标引；当词表中没有合适的上位专门学科史主题词时，可以选用专门学科概念主题词与"历史"主题词组配标引，"历史"只作为副标题。

（1）选用专门学科史主题词标引。

例1： 200   1#$a 中国政治制度史

       606   0#$a 政治制度史 $y 中国

       690   ##$aD69$v5

例2： 200   1#$a 伊朗伊斯兰教史

       606   0#$a 伊斯兰教史 $y 伊朗

       690   ##$aB969.373$v5

例3： 200   1#$a 西方美学范畴史

       606   0#$a 美学史 $x 研究 $x 西方国家

       690   ##$aB83-091.956$v5

例4： 200   1#$a 湟中水利志

       606   0#$a 水利史 $y 湟中县

       690   ##$aTV-092.444$v5

（2）专门学科概念主题词与上位专门学科史主题词组配标引。

例1： 200   1#$a 中国学前教育史

       606   0#$a 学前教育 $x 教育史 $y 中国

       690   ##$aG619.29$v5

例2： 200   1#$a 唐五代畜牧经济研究

606 0#$a 畜牧业经济 $x 经济史 $x 研究 $y 中国 $z 唐代

606 0#$a 畜牧业经济 $x 经济史 $x 研究 $y 中国 $z 五代

690 ##$aF326.39$v5

例3：200 1#$a 现代登山探险史

606 0#$a 登山运动 $x 体育运动史 $y 世界 $z 现代

690 ##$aG881.91$v5

（3）专门学科概念主题词与"历史"组配标引。

例1：200 1#$a 中国近代统计史

606 0#$a 统计 $x 历史 $y 中国 $z 近代

690 ##$aC829.29$v5

例2：200 1#$a 内蒙古集邮史

606 0#$a 集邮 $x 历史 $y 内蒙古

690 ##$aG894.192$v5

例3：200 1#$a 中国民族政策史

606 0#$a 民族政策 $x 历史 $y 中国 $z 古代

690 ##$aD691.72$v5

5. 某个研究对象的史料或史评应以研究对象为主标题，"史料"或"研究""文集"只能作为副标题标引。但是，专门研究史料或史评的文献可以用"史料学""史评"为主标题或主体因素副标题。

例1：200 1#$a 明清史论著集刊

606 0#$a 明清时代 $x 历史 $j 文集

690 ##$aK248.07$v5

例2：200 1#$a 太平天国

225 2#$a 中国近代史资料丛刊续编

606 0#$a 太平天国革命 $j 史料

690 ##$aK254.06$v5

例3：200   1#$a 史料学概论
　　　606   0#$a 史料学 $x 高等教育 $j 教材
　　　690   ##$aK05$v5

例4：200   1#$a 关于历史评价问题
　　　606   0#$a 史评 $x 方法
　　　690   ##$aK061$v5

例5：200   1#$a 清史史料学
　　　606   0#$a 清代 $x 历史 $x 史料学
　　　690   ##$aK249.06$v5

例6：200   1#$a 中国哲学史史料学
　　　606   0#$a 哲学史 $x 史料学 $y 中国
　　　690   ##$aB2$v5

例7：200   1#$a 先秦两汉文学史料学
　　　606   0#$a 中国文学 $x 古代文学史 $x 史料学 $z 先秦时代
　　　606   0#$a 中国文学 $x 古代文学史 $x 史料学 $z 汉代
　　　690   ##$aI209.2$v5
　　　690   ##$aI209.34$v5

6.3　主题涉及地区的文献标引

当文献研究或论述的对象涉及某一自然区域、历史地名或综述某一行政区域时，该自然地理名称、历史地名或政区名称应标引为主标题。国家以上地区的历史与国家以下地区的地方史主题中涉及的地区主题的标引见6.2节。

（1）文献研究或论述的对象涉及某一自然区域、历史地名，该自然地理名称、历史地名应标引为主标题。词表中没有收入的自然地理名称、历史地名，可以暂时按非控主题词标引在610字段。自然地理名称、历史地名不能作为位置因素标引（$y 子字段）。

例 1： 200　　1#$a 青藏高原的水资源

　　　　607　　##$a 青藏高原 $x 水资源 $x 研究

　　　　690　　##$aTV213$v5

例 2： 200　　1#$a 黄河年鉴 $h2006

　　　　607　　##$a 黄河 $x 河道整治 $z2006$j 年鉴

　　　　690　　##$aTV882.1-54$v5

例 3： 200　　1#$a 汉唐文化与高昌历史

　　　　607　　##$a 高昌（历史地名）$x 地方史 $x 研究 $z 汉代

　　　　607　　##$a 高昌（历史地名）$x 地方史 $x 研究 $z 唐代

　　　　690　　##$aK294.52$v5

例 4： 200　　1#$a 缤纷楼兰

　　　　607　　##$a 楼兰 $x 考古发现 $j 文集

　　　　690　　##$aK878.04$v5

例 5： 200　　1#$a 西域古钱币研究

　　　　607　　##$a 西域 $x 古钱（考古）$x 研究

　　　　690　　##$aK875.64$v5

例 6： 200　　1#$a 四姑娘山 $e 东方圣山 $e 中英日文本

　　　　606　　0#$a 山 $x 风光摄影 $x 摄影集 $y 阿坝藏族羌族自治州 $z 现代

　　　　610　　0#$a 四姑娘山

　　　　690　　##$aJ424$v5

（2）综述某一行政区域概况的文献，主题标引以政区名称为主标题，"概况"等主题词为副标题。中国县及县以上地区名称可直接标引，中央直辖市可标引到区。

例 1： 200　　1#$a 中国概况

　　　　607　　##$a 中国 $x 概况

　　　　690　　##$aK92$v5

例 2： 200　　1#$a 湖南办事指南

　　　　　607　##$a 湖南 $j 手册

　　　　　690　##$aK926.4-62$v5

例 3：200　1#$a 孝感百事通 $e 孝感人手册 2005 年版

　　　　　607　##$a 孝感 $j 手册

　　　　　690　##$aK926.33-62$v5

例 4：200　1#$a 成都生活 $eHappy，在时尚与传统间流动

　　　　　330　##$a 本书介绍了成都的人民南路、酒吧、茶馆、餐馆、火锅、牙尖帮、盐市口、职业"麻手"、碟情、写手、男人、女人、建筑、书店、博物馆等。

　　　　　607　##$a 成都 $x 概况

　　　　　690　##$aK927.11$v5

例 5：200　1#$a 上海情调 $e 上海人的风情画

　　　　　607　##$a 上海 $x 概况

　　　　　690　##$aK925.1$v5

例 6：200　1#$a 漫步巴黎 $f 曾年摄影／撰文

　　　　　607　##$a 巴黎 $x 概况 $j 摄影集

　　　　　690　##$aK956.52-64$v5

（3）有关乡镇、乡村概况主题标引随乡镇史（志）、村史（志），选用最直接的县市（中央直辖市属各区）名称标引，乡镇名标引在 610 字段，主题标引为：××县（市）—乡镇—概况；××县（市）—乡村—概况。

例 1：200　1#$a 周庄

　　　　　607　##$a 昆山 $x 乡镇 $x 概况

　　　　　610　0#$a 周庄

　　　　　690　##$aK925.35$v5

例 2：200　1#$a 太极俞源

　　　　　225　2#$a 江南古村落

　　　　　607　##$a 武义县 $x 乡村 $x 概况

610   0#$a 俞源村

690   ##$aK925.55$v5

6.4 传记类文献的标引

传记类文献可以分为传记、评传、生平事迹、年谱、纪念文集等多种写作形式，其内容特征以具体人物为研究和论述的主要对象。根据研究对象的多少可以分为个人传记与多人传记两种类型。

1. 以个人为研究对象的文献，选用个人名称主题词与传记写作形式方面的主题词组配标引，写作形式主题词仅作为副标题。

例1： 200   1#$a 拿破仑传

600   #0$a 拿破仑 $c（Napoleon,Bonaparte$f1769—1821）$x 传记

690   ##$aK835.657=41$v5

例2： 200   1#$a 蒋介石评传 $e 李敖作品

600   #0$a 蒋介石 $f（1887–1975）$x 评传

690   ##$aK827=73$v5

例3： 200   1#$a 白羽同志英名永存 $e 刘白羽纪念文集

600   #0$a 刘白羽 $f（1916—2005）$j 纪念文集

690   ##$aK825.6=76$v5

例4： 200   1#$a 恽代英年谱

600   #0$a 恽代英 $f（1895—1931）$x 年谱

690   ##$aK827=6$v5

例5： 200   1#$a 抗战时期的傅作义

600   #0$a 傅作义 $f（1895—1974）$x 生平事迹 $z1933—1945

690   ##$aK827=73$v5

例6： 200   1#$a 为国为民不为私 $e 冯玉祥在重庆

600   #0$a 冯玉祥 $f（1882—1948）$x 生平事迹 $y 重庆

　　　　　690　　##$aK825.2=6$v5

例 7：200　　1#$a 百年沧桑 $e 刘海粟艺术人生图片集

　　　　　600　　#0$a 刘海粟 $f（1896—1994）$x 生平事迹 $j 摄影集

　　　　　690　　##$aK825.72=75$v5

2. 以多人为研究对象的合传，三人以下（含三人）应按个人传记分别标引；三人以上作整体标引，以被传群体所属学科概念主题词为主标题，传记写作形式方面的主题词与被传群体所属国别、时代概念的主题词为副标题、副副标题，必要时可对重点被传人进行分析标引。

例 1：200　　1#$a 陈独秀与胡适

　　　　　600　　#0$a 陈独秀 $f（1880—1942）$x 人物研究

　　　　　600　　#0$a 胡适 $f（1891—1962）$x 人物研究

　　　　　690　　##$aK827=6$v5

　　　　　690　　##$aK825.4=72$v5

例 2：200　　1#$a 名人传 $f（法）罗曼•罗兰著 $g 张冠尧，艾珉译

　　　　　600　　#0$a 贝多芬 $c（Beethoven, ludwing Van. $f1770—1827）$x 传记

　　　　　600　　#0$a 米开朗琪罗 $c（Michelangelo, Buonarroti$f1475—1564）$x 传记

　　　　　600　　#0$a 托尔斯泰 $c（Tolstoy, Leo, graf $f1828—1910）$x 传记

　　　　　690　　##$aK835.165.76=41$v5

　　　　　690　　##$aK835.465.72=331$v5

例 3：200　　1#$a 清朝十二王

　　　　　606　　0#$a 亲王 $x 列传 $y 中国 $z 清代

　　　　　690　　##$aK827=49$v5

例 4：200　　1#$a 帝国的黄昏 $e 解密二十四朝末代皇帝

　　　　　606　　0#$a 皇帝 $x 评传 $y 中国

　　　　　690　　##$aK827=2$v5

例 5：200　　1#$a 博弈春秋人物正解

606　　0#$a 历史人物 $x 人物研究 $y 中国 $z 春秋时代

　　　690　　##$aK820.25$v5

例6：200　　1#$a 江阴名人年谱

　　　606　　0#$a 名人 $x 年谱 $y 江阴

　　　690　　##$aK820.853.4$v5

例7：200　　1#$a 春华秋实

　　　225　　2#$a 河海大学校友丛书

　　　601　　02$a 河海大学 $x 校友 $x 生平事迹

　　　690　　##$aK820.7$v5

例8：200　　1#$a 坚实的足迹

　　　330　　##$a 本书真实再现了安阳市十名优秀共产党员标兵的感人事迹。

　　　606　　0#$a 模范共产党员 $x 生平事迹 $y 安阳

　　　690　　##$aD263$v5

例9：200　　1#$a 解读大秦政坛双星 $e 吕不韦与李斯

　　　600　　#0$a 吕不韦 $f（？—前235）$x 生平事迹

　　　600　　#0$a 李斯 $f（？—前208）$x 生平事迹

　　　690　　##$aB229.25$v5

　　　690　　##$aB226.65$v5

　　3. 个人回忆录以被回忆者的个人名称主题词与"回忆录"主题词组配标引，并可对回忆的主题内容进行分析标引。但是，文学体裁类的回忆录应按文学作品标引，以文学体裁"回忆录""革命回忆录"为主标题，以作者国籍与写作时代主题词为副标题、副副标题，并可对回忆的内容进行分析标引。

例1：200　　1#$a 我与少奇 $f 王光美著

　　　600　　#0$a 刘少奇 $f（1898—1969）$x 回忆录

　　　690　　##$aK827=72$v5

例2：200　　1#$a 此前此后 $e 高更回忆录 $f（法）保罗·高更著 $g 麻艳萍译

600 #0$a 高更 $c（Gauguin, Paul$f1848—1903）$x 回忆录

690 ##$aK835.655.72=43$v5

例3：200 1#$a 岁月足音 $f 赵城璞著

606 0#$a 回忆录 $y 中国 $z 当代

690 ##$aI251$v5

4. 以真实人物为描写对象的报告文学、通讯、特写、传记小说、访问记等，除按文学作品标引外，还可以根据需要按照人物生平事迹的要求进行分析标引。

例1：200 1#$a 风雨彭门 $e 彭德怀家风·家事

606 0#$a 报告文学 $y 中国 $z 当代

600 #0$a 彭德怀 $f（1898—1974）$x 生平事迹

690 ##$aI253.2$v5

690 ##$aK825.2=73$v5

例2：200 1#$a 一个香巴拉人的长征 $e 聚焦王顺友

606 0#$a 报告文学 $y 中国 $z 当代

606 0#$a 先进工作者 $x 生平事迹 $y 中国 $z 现代

610 0#$a 王顺友

690 ##$aI253.9$v5

例3：200 1#$a 感动天下的中国女孩刘芳艳

606 0#$a 报告文学 $y 中国 $z 当代

610 0#$a 刘芳艳（1984— ）

690 ##$aI253.4$v5

例4：200 1#$a 人在大洋彼岸 $e 我的美国生活纪实

606 0#$a 报告文学 $y 中国 $z 当代

690 ##$aI253.9$v5

例5：200 1#$a 风云浙商 $e2005 年度风云浙商评选活动纪实

606 0#$a 电视节目 $x 解说词 $x 作品集 $y 中国 $z 当代

690 ##$aI235.2$v5

例 6： 200　　1#$a 郑和

　　　　606　　0#$a 传记小说 $y 中国 $z 当代

　　　　606　　0#$a 长篇小说 $y 中国 $z 当代

　　　　600　　#0$a 郑和 $f（1371—1435）$x 生平事迹

　　　　690　　##$aI247.53$v5

　　　　690　　##$aK825.89=48$v5

例 7： 200　　1#$a 西天女杰冯嫽

　　　　225　　2#$a 西域烽燧系列小说

　　　　606　　0#$a 传记小说 $y 中国 $z 当代

　　　　606　　0#$a 长篇小说 $y 中国 $z 当代

　　　　690　　##$aI247.53$v5

例 8： 200　　1#$a 突破 $e 中国民营企业家非常管理故事

　　　　606　　0#$a 访问记 $x 作品集 $y 中国 $z 当代

　　　　606　　0#$a 民营企业 $x 企业家 $x 生平事迹 $y 中国 $z 现代

　　　　606　　0#$a 民营企业 $x 企业管理 $x 经验 $y 中国 $z 现代

　　　　690　　##$aI253.3$v5

　　　　690　　##$aK825.38=76$v5

5. 为了便于操作，传记类文献一般以传主的卒年为分类标引的依据，但是对于一些著名历史人物，也可以公认的、约定俗成的时代为依据。

例 1： 200　　1#$a 郑成功传

　　　　600　　#0$a 郑成功 $f（1624—1662）$x 传记

　　　　690　　##$aK827=48$v5

例 2： 200　　1#$a 宋徽宗传

　　　　600　　#0$a 宋徽宗 $f（1082—1135）$x 评传

　　　　690　　##$aK827=441$v5

例 3： 200　　1#$a 文天祥评传

　　　　600　　#0$a 文天祥 $f（1236—1282）$x 评传

　　　　690　　##$aK827=442$v5

　例 4：200　　1#$a 陶渊明传

　　　　600　　#0$a 陶渊明 $f（365—427）$x 传记

　　　　690　　##$aK825.6=372$v5

　例 5：200　　1#$a 李自成陕北史事研究

　　　　600　　#0$a 李自成 $f（1606—1645）$x 人物研究

　　　　690　　##$aK827=48$v5

6. 如果文献研究内容涉及某人物，而词表中又没有此人物的个人名称主题词，可以首先按文献研究内容概括标引，同时酌情将此人物的个人名称著录于非控主题词字段。

　例 1：200　　1#$a 妈妈的一生 $e 王苹传

　　　　606　　0#$a 电影导演 $x 传记 $y 中国 $z 现代

　　　　610　　0#$a 王苹（1916—1990）

　　　　690　　##$aK825.78=75$v5

　例 2：200　　1#$a 永远的怀念 $e 郑建宣百年诞辰纪念文集

　　　　606　　0#$a 物理学家 $y 中国 $z 现代 $j 纪念文集

　　　　610　　0#$a 郑建宣（1893—1987）

　　　　690　　##$aK826.11=74$v5

　例 3：200　　1#$a 原色·孙俪

　　　　225　　2#$a 中国明星写真系列丛书

　　　　606　　0#$a 电影演员 $x 生平事迹 $y 中国 $z 现代 $j 摄影集

　　　　610　　0#$a 孙俪

　　　　690　　##$aK825.78=76$v5

　例 4：200　　1#$a 品格 $e 北大教授孟二冬

　　　　601　　02$a 北京大学 $x 优秀教师 $x 生平事迹

　　　　610　　0#$a 孟二冬（1957—2006）

　　　　690　　##$aK825.46=76$v5

例 5： 200　1#$a 谭玉龄 / 李玉琴传 $e 伪满洲国两 "贵人"

　　　　600　#0$a 爱新觉罗·溥仪 $f（1906—1967）$x 皇妃 $x 列传

　　　　610　0#$a 谭玉龄（1920—1942）$a 李玉琴（1928—2001）

　　　　690　##$aK828.5=6$v5

　　　　690　##$aK828.5=76$v5

例 6： 200　1#$a 布坎南 $f 魏琳，姚昆著

　　　　225　2#$a 经济思想家丛书

　　　　606　0#$a 经济思想 $x 研究 $y 美国 $z 现代

　　　　610　0#$a 布坎南（Buchanan,James McGill 1919— ）

　　　　690　##$aF097.126$v5

例 7： 200　1#$a 普兰丁格的宗教认识论

　　　　330　##$a 本书重点研究 20 世纪美国著名的基督教哲学家之一阿尔文·普兰丁格的宗教认识论思想。

　　　　606　0#$a 基督教 $x 宗教哲学 $x 研究 $y 美国 $z 现代

　　　　610　0#$a 普兰丁格（Plantinga,Alvin1932— ）

　　　　690　##$aB978$v5

6.5　文艺著作的标引

　　文艺著作分为文艺作品与文艺理论或研究两种类型，其标引方法截然不同。当代是一个相对模糊、不稳定的概念，为了与《中图法》靠拢，主题词"当代"主要用于《中图法》I2 中国文学类，其他类目如果不是特别强调，可以沿用过去的做法，继续使用相对稳定、便于掌握的主题词"现代"。

　　1. 文艺作品比较强调作品的体裁及创作的手法对主题内容的表达，其思想内容和艺术风格又因作者所处国家的政治、历史、文化时期的不同而各异，所以文艺作品主题标引一般以体裁或手法为主标题，其创作者国别与作品时代为副标题、

副副标题。这是一个特例。文艺作品主题标引的检索意义很小，但可以作为揭示文献内容的提要。文艺作品集一律用文学体裁或艺术手法主题词与"作品集"组配标引。如果有文艺作品集专指主题词（例如，歌词集、散文集、诗集、书信集、小说集、摄影集）应优先选用，并且相似词形可组配标引。在文艺作品集类"作品集"与"歌词集""摄影集"等主题词不能作为文献类型因素标引。

例：

606　0#$a 史诗 $y 印度 $z 古代

606　0#$a 长篇小说 $y 中国 $z 现代

606　0#$a 报告文学 $y 美国 $z 现代

606　0#$a 世界文学 $x 作品集

606　0#$a 儿童文学 $x 作品集 $y 中国 $z 当代

606　0#$a 歌剧 $x 剧本 $x 作品集 $y 中国 $z 现代

606　0#$a 艺术品 $x 作品集 $y 中国 $z 现代

606　0#$a 中国画 $x 作品集 $y 中国 $z 现代

606　0#$a 碑帖 $x 作品集 $y 中国 $z 唐代

606　0#$a 印谱 $y 中国 $z 现代

606　0#$a 摄影集 $y 中国 $z 现代

606　0#$a 图案 $y 中国 $z 现代

606　0#$a 广告艺术 $x 作品集 $y 中国 $z 现代

606　0#$a 小提琴 $x 器乐曲 $x 作品集 $y 中国 $z 现代

606　0#$a 散文集 $y 中国 $z 当代

606　0#$a 古典散文 $x 散文集 $y 中国 $z 明代

606　0#$a 小品文 $x 作品集 $y 中国 $z 现代

（1）如果有文艺作品专指主题词（例如，鲁迅散文、鲁迅小说、唐诗、宋词、唐宋词、元曲）应优先选用。

例1：200　1#$a 朝花夕拾 $f 鲁迅著

　　　606　0#$a 鲁迅散文 $x 散文集

690 ##$aI210.4$v5

例2： 200 1#$a 李商隐集 $f（唐）李商隐著 $g 张强，刘海宁解评

330 ##$a 本书选收了15余首李商隐的唐诗作品。

606 0#$a 唐诗 $x 诗集

690 ##$aI222.742.4$v5

例3： 200 1#$a 元曲 $f 吴家荣，何旺生选注

606 0#$a 元曲 $x 作品集

690 ##$aI222.9$v5

（2）小说主题标引除表现其最显著的文学体裁外，还应着重表现其是否为章回小说，以及小说的长短，一般情况文学体裁不相互组配标引。小说的长短，可以依据文献本身的描述，也可以按照页数或字数来确定，大致50页以下为短篇、50～200页为中篇、200页以上为长篇，如果实际字数较少（字较大），可按5万字以下为短篇、5万～12万字为中篇、12万字以上为长篇的标准来划分。

例1： 200 1#$a 三国演义

606 0#$a 讲史小说 $y 中国 $z 明代

606 0#$a 章回小说 $y 中国 $z 明代

606 0#$a 长篇小说 $y 中国 $z 明代

690 ##$aI242.43$v5

例2： 200 1#$a 海底两万里 $f（法）儒勒·凡尔纳著 $g 杨松河译

606 0#$a 科学幻想小说 $y 法国 $z 近代

606 0#$a 长篇小说 $y 法国 $z 近代

690 ##$aI565.44$v5

例3： 200 1#$a 钢铁是怎样炼成的

606 0#$a 长篇小说 $y 乌克兰 $z 现代

690 ##$aI511.345$v5

例4： 200 1#$a 莫泊桑中短篇小说选

606 0#$a 中篇小说 $x 小说集 $y 法国 $z 近代

606　　0#$a 短篇小说 $x 小说集 $y 法国 $z 近代

　　690　　##$aI565.44$v5

（3）报告文学、纪实小说、访问记、回忆录、新闻报道等除按文学作品标引外，还应尽可能对文献所反映的内容进行分析标引。

例1：200　　1#$a 1号罪案 $e 公安纪实文学卷

　　606　　0#$a 报告文学 $y 中国 $z 当代

　　690　　##$aI253.1$v5

例2：200　　1#$a 虎啸万里 $e 中国人民解放军第一军征战纪实

　　606　　0#$a 报告文学 $y 中国 $z 当代

　　606　　0#$a 中国人民解放军军史 $j 史料

　　690　　##$aI253.2$v5

　　690　　##$aE297$v5

例3：200　　1#$a 血战台湾岛 $e 郑成功收复台湾纪实

　　606　　0#$a 纪实小说 $y 中国 $z 当代

　　606　　0#$a 长篇小说 $y 中国 $z 当代

　　606　　0#$a 郑成功收复台湾 $j 史料

　　690　　##$aI247.53$v5

　　690　　##$aK248.405$v5

例4：200　　1#$a 谈性正浓 $e 百名作家、诗人、导演关于情爱话题的对话

　　606　　0#$a 访问记 $x 作品集 $y 中国 $z 当代

　　606　　0#$a 爱情 $j 通俗读物

　　606　　0#$a 婚姻 $j 通俗读物

　　690　　##$aI253.7$v5

　　690　　##$aC913.1$v5

例5：200　　1#$a 廉政小小说

　　225　　2#$a 中国廉政文化丛书

　　606　　0#$a 小小说 $x 小说集 $y 中国 $z 当代

690 ##$aI247.82$v5

例6： 200 1#$a 郑维山回忆录 $e 从华北到西北

606 0#$a 革命回忆录 $y 中国

690 ##$aI251$v5

例7： 200 1#$a 忠诚无悔 $e 我与中国足球 $f 阎世铎著

606 0#$a 回忆录 $y 中国 $z 当代

606 0#$a 足球运动 $y 中国 $z2000—2005$j 史料

690 ##$aI251.4$v5

690 ##$aG843.92$v5

例8： 200 1#$a 新华社记者笔下的红色记忆 $e 红中社报道中的土地革命（1931—1937）

330 ##$a 本书精选了1931年到1937年，红中社报道土地革命中的部分消息和通讯。

606 0#$a 新闻报道 $x 作品集 $y 中国 $z 现代

606 0#$a 第二次国内革命战争 $j 史料

690 ##$aI253.8$v5

690 ##$aK263.06$v5

（4）散文体游记、日记、书信集等按文学作品标引。但是，以描述旅游地和旅游经历为主的游记，应按一般主题标引，以"游记"为主标题，以旅游地与旅游时间为副标题、副副标题；以记述个人生平事迹为主的日记、书信集，应按传记类主题标引。

例1： 200 1#$a 海外旅痕 $f 沈文元著

225 2#$a 金盏文萃

606 0#$a 游记 $x 作品集 $y 中国 $z 当代

690 ##$aI267.4$v5

例2： 200 1#$a 球迷日记 $f 刘齐著、画

225 2#$a 旅美作家刘齐插图本幽默散文丛书

606 0#$a 日记 $x 作品集 $y 中国 $z 当代

 690 ##$aI267.5$v5

例3：200 1#$a 留德家书 $e 一个本土作家和他留德博士儿子的人生对话 $f 俞天白，俞可著

 606 0#$a 书信集 $y 中国 $z 当代

 690 ##$aI267.5$v5

例4：200 1#$a 你好，阿富汗 $f（美）姜华著

 606 0#$a 游记 $y 阿富汗 $z 现代

 690 ##$aK937.29$v5

例5：200 1#$a 蒋介石日记揭秘

 600 #0$a 蒋介石 $f（1887—1975）$x 日记 $z1915—1949

 690 ##$aK827=73$v5

例6：200 1#$a 我，米开朗基罗，雕刻家 $e 一部书信体自传 $f（意）米开朗基罗（Michelangelo）著 $g 初枢昊译

 330 ##$a 本书收录了全部的近500封米开朗基罗的书信，包括与他的家人、朋友和教皇等的通信往来。这些或从容、或匆忙间写就的信件，向我们展示了他在生活重轭和时代煎迫下的艺术创作，以及他作为一个普通人的世俗生活。

 600 #0$a 米开朗琪罗 $c（Michelangelo, Buonarroti$f1475—1564）$x 书信集

 690 ##$aK835.465.72=331$v5

（5）摄影集作为一般文艺作品集，首先应按创作者国别区分为各国摄影艺术作品，中国摄影艺术作品可再按所反映的国内地区细分，这是一个特例。

例1：200 1#$a 拦截色彩 $e 陈华革摄影集

 606 0#$a 摄影集 $y 中国 $z 现代

 690 ##$aJ421.8$v5

例2：200 1#$a 中国摄影家眼中的国外都市

225 2#$a 都市摄影丛书

606 0#$a 摄影集 $y 中国 $z 现代

690 ##$aJ421$v5

例3：200 1#$a 上海风情 $e 冈田文夫摄影集 $f（日）冈田文夫著

606 0#$a 摄影集 $y 日本 $z 现代

690 ##$aJ431（313）$v5

例4：200 1#$a 锦绣四川 $e 摄影集

606 0#$a 摄影集 $y 四川 $z 现代

690 ##$aJ421.71$v5

例5：200 1#$a 梦幻极地 $e 季叶海西藏摄影作品

225 2#$a 中国摄影家系列

606 0#$a 风光摄影 $x 摄影集 $y 西藏 $z 现代

690 ##$aJ424$v5

2. 文艺理论与研究著作，应根据著作所论述和研究的对象，按一般主题标引。

例1：200 1#$a 文艺美学

606 0#$a 文艺美学

690 ##$aI01$v5

例2：200 1#$a20 世纪中国文学主题研究

606 0#$a 中国文学 $x 文学研究 $z20 世纪

690 ##$aI206.6$v5

例3：200 1#$a 宋诗特色研究

606 0#$a 宋诗 $x 诗歌研究

690 ##$aI207.227.44$v5

例4：200 1#$a 中国现代报告文学论

606 0#$a 报告文学评论 $y 中国 $z 现代

690 ##$aI207.5$v5

例5：200 1#$a 唐诗杂论

　　　　606　0#$a 唐诗 $x 诗歌评论

　　　　690　##$aI207.227.42$v5

例6：200　1#$a 唐宋词名篇讲演录

　　　　606　0#$a 唐宋词 $x 诗词研究

　　　　690　##$aI207.23$v5

3. 对文艺作品的研究与评论，以作品题名主题词与文艺研究或评论主题词组配标引，如果有文艺作品研究与评论的专指主题词（例如，《红楼梦》研究、《红楼梦》评论、《水浒》研究、《水浒》评论、《三国演义》研究、《三国演义》评论），应优先选用。当词表没有所研究的文艺作品的题名主题词时，可以首先按文献研究内容概括标引，同时将此题名著录于非控主题词字段。

例1：200　1#$a 西游记漫话

　　　　605　##$a《西游记》$x 小说研究

　　　　690　##$aI207.414$v5

例2：200　1#$a 诗赋论稿

　　　　330　##$a 本书集结了作者研究《诗经》、楚辞和汉代辞赋的论文。

　　　　605　##$a《诗经》$x 诗歌研究

　　　　606　0#$a 楚辞研究

　　　　606　0#$a 汉赋 $x 文学研究

　　　　690　##$aI207.222$v5

　　　　690　##$aI207.223$v5

例3：200　1#$a 细说红楼梦 $e 红学专家解读《红楼梦》

　　　　606　0#$a《红楼梦》研究

　　　　690　##$aI207.411$v5

例4：200　1#$a 红楼梦诗词赏析

　　　　605　##$a《红楼梦》$x 古典诗歌 $x 鉴赏

　　　　690　##$aI207.411$v5

例5：200　1#$a 达·芬奇解码

606　　0#$a 长篇小说 $x 小说研究 $y 美国 $z 现代

　　　610　　0#$a《达·芬奇密码》

　　　690　　##$aI712.074$v5

例 6：200　　1#$a 绘画的史诗 $e 连环画《地球的红飘带》研究

　　　606　　0#$a 连环画 $x 绘画研究 $y 中国 $z 现代

　　　610　　0#$a《地球的红飘带》

　　　690　　##$aJ218.4$v5

4. 对某位文艺家的文艺研究与评论，以文艺家人名主题词与文艺研究或评论主题词组配标引。

例 1：200　　1#$a 莎士比亚评介文集

　　　600　　#0$a 莎士比亚 $c（Shakespeare, William$f1564—1616）$x 文学研究

　　　690　　##$aI561.063$v5

例 2：200　　1#$a 路遥小说的艺术世界

　　　600　　#0$a 路遥 $f（1949—1992）$x 小说评论

　　　690　　##$aI207.42$v5

例 3：200　　1#$a 朱德诗词赏析

　　　600　　#0$a 朱德 $f（1886—1976）$x 诗词 $x 鉴赏

　　　690　　##$aI207.227.73$v5

例 4：200　　1#$a 米芾书法研究

　　　600　　#0$a 米芾 $f（1051—1107）$x 书法评论

　　　690　　##$aJ292.112.5$v5

例 5：200　　1#$a 八大山人画语录图释

　　　600　　#0$a 八大山人 $f（1626—1706）$x 中国画 $x 绘画评论

　　　690　　##$aJ212.052$v5

6.6 专著研究主题的标引

对专著进行研究的主题标引，可以直接选用专著题名主题词及与研究方式相对应的主题词组配标引，同时应尽可能对原著内容进行分析标引。

例1： 200　1#$a 墨经校解

　　　　605　##$a《墨子》$x 研究

　　　　606　0#$a 墨家

　　　　690　##$aB224.5$v5

例2： 200　1#$a 破解《山海经》$e 古中国的 X 档案

　　　　605　##$a《山海经》$x 研究

　　　　606　0#$a 历史地理 $y 中国 $z 古代

　　　　690　##$aK928.631$v5

例3： 200　1#$a《孙子》十三篇综合研究

　　　　605　##$a《孙子兵法》$x 研究

　　　　606　0#$a 兵法 $y 中国 $z 春秋时代

　　　　690　##$aE892.25$v5

例4： 200　1#$a《论语》《孟子》词典

　　　　605　##$a《论语》$j 词典

　　　　605　##$a《孟子》$j 词典

　　　　606　0#$a 儒家

　　　　690　##$aB222.25-61$v5

　　　　690　##$aB222.55-61$v5

1. 文艺作品研究；题名已含有内容的著作研究；题名非常著称，而内容高深、很难揭示的著作（例如，中医典籍等）研究，可以不对原著内容进行分析标引。

例1： 200　1#$a《清明上河图》研究文献汇编

　　　　605　##$a《清明上河图》$x 绘画评论

　　　　690　##$aJ212.24$v5

例 2：200　1#$a《金匮要略》研究

605　##$a《金匮要略方论》$x 研究

690　##$aR222.39$v5

例 3：200　1#$a 本草纲目通俗读本 $e 彩色图文版

605　##$a《本草纲目》$j 普及读物

690　##$aR281.3$v5

2. 对专著某方面进行研究的主题，可以直接选用专著题名主题词及与研究方面和研究方式相对应的主题词组配标引，无须对原著内容进行分析标引。

例 1：200　1#$a 易学思维与人生价值论

605　##$a《周易》$x 人生哲学 $x 研究

690　##$aB221.5$v5

690　##$aB821$v5

例 2：200　1#$a 春秋左传介词研究

605　##$a《左传》$x 介词 $x 研究

690　##$aK225.04$v5

690　##$aH141$v5

例 3：200　1#$a 商战中的孙子兵法

605　##$a《孙子兵法》$x 应用 $x 企业管理

690　##$aF272$v5

3. 中国古典名著（文言文）的注释本、白话本、通俗读物等，可以直接选用专著题名主题词与"注释""译本""通俗读物"等主题词组配标引，同时应尽可能对原著内容进行分析标引。

例 1：200　1#$a 六祖坛经新注

605　##$a《六祖坛经》$x 注释

606　0#$a 禅宗 $x 佛经 $y 中国 $z 唐代

690　##$aB946.5$v5

例 2：200　1#$a 庄子选译

　　　　605　##$a《庄子》$x 译文

　　　　606　0#$a 道家

　　　　690　##$aB223.54$v5

例3：200　1#$a 资治通鉴精华 $e 文白对照

　　　　605　##$a《资治通鉴》$x 译文

　　　　606　0#$a 中国历史 $x 古代史 $j 编年体

　　　　690　##$aK204.3$v5

例4：200　1#$a 玩转三十六计

　　　　605　##$a《三十六计》$j 通俗读物

　　　　606　0#$a 兵法 $y 中国 $z 古代

　　　　690　##$aE892-49$v5

例5：200　#$a 与孩子一起读论语

　　　　605　##$a《论语》$j 少年读物

　　　　606　0#$a 儒家

　　　　690　##$aB222.22$v5

4. 如果词表没有所研究专著的题名主题词，可以按照原著内容标引，专著题名著录于非控主题词字段。但是，由于文艺作品主题标引的特殊性，文艺作品研究与原作品的主题标引不同，分类标引也不同。

例1：200　1#$a《所罗门王的指环——与鸟兽虫鱼的亲密对话》导读

　　　　606　0#$a 动物 $j 普及读物

　　　　610　0#$a《所罗门王的指环——与鸟兽虫鱼的亲密对话》

　　　　690　##$aQ95-49$v5

例2：200　1#$a《魔鬼出没的世界——科学，照亮黑暗的蜡烛》导读

　　　　606　0#$a 科学学 $x 研究

　　　　610　0#$a《魔鬼出没的世界——科学，照亮黑暗的蜡烛》

　　　　690　##$aG301$v5

例3：200　1#$a 天使与魔鬼 $f（美）丹·布朗著 $g 朱振武，王巧俐，信

艳译

　　606　0#$a 长篇小说 $y 美国 $z 现代

　　690　##$aI712.45$v5

例 4：200　1#$a 破解天使与魔鬼 $f（英）西蒙·考克斯著 $g 王晓娟译

　　606　0#$a 长篇小说 $x 小说研究 $y 美国 $z 现代

　　610　0#$a《天使与魔鬼》

　　690　##$aI712.074$v5

例 5：200　1#$a 荧屏内外的《吕梁英雄传》

　　606　0#$a 电视剧评论 $y 中国 $z 现代

　　610　0#$a《吕梁英雄传》

　　690　##$aJ905.2$v5

6.7　各级、各类教育的各科教材、教学参考书的标引

各级、各类教育的各科教材、教学参考书的标引，主要分为中等教育程度以下（学前教育、初等教育和中等教育）与中等专业教育程度以上及各类教育两类。两者在标引选词上有所不同，课程主题词（小学语文课、中学数学课、英语课、中国史课、计算机课等）仅限于中等教育程度以下（《中图法》G4 教育类）。由于各科教材、教学参考书很多，表达教育程度（中学、高等教育等）、教育类型（技术教育、成人教育等）或教育对象（小学教师等）的主题词，均不作为主标题标引，这是一个特例。此类文献的多卷书标引参见 6.11 节第 5 点。

例：

606　0#$a 中国史课 $x 教案（教育）$x 初中

606　0#$a 中学数学课 $x 中考 $j 试题

606　0#$a 生物课 $x 高中 $j 试题 $j 升学参考资料

606　0#$a 高等数学课 $x 高中 $j 题解

606　0#$a 高等数学 $x 高等教育 $j 自学参考资料

606　0#$a 作文课 $x 小学 $j 课外读物

606　0#$a 力学 $x 高中 $j 教学参考资料

606　0#$a 小学 $x 教学法

606　0#$a 中学 $x 学校管理

606　0#$a 中学语文课 $x 职业高中 $j 教材

606　0#$a 微型计算机 $x 考试大纲 $x 职业高中

606　0#$a 焊接工艺 $x 教学计划 $x 技工学校

606　0#$a 教育心理学 $x 教学大纲 $x 高等师范教育

606　0#$a 医古文 $x 中医教育 $j 自学参考资料

606　0#$a 医学伦理学 $x 医学院校 $j 教材

606　0#$a 管理学 $x 干部教育 $j 教材

1. 中等教育程度以下的各科教材、教学参考资料、试题、习题、课外读物等，优先选用课程类先组词（英语课、常识课、作文课等）为主标题，教育程度对应的主题词（小学、高中等）为副标题，"教材""教学参考资料""试题"等文献类型主题词为副副标题。但是，如果课程主题词（小学语文课、中学数学课等）含有教育程度，可省略教育程度主题词。课程主题词不相互组配标引，这是一个特例。

例1：200　1#$a 小学英语游戏教学示例

　　　606　0#$a 英语课 $x 小学 $j 教学参考资料

　　　690　##$aG624.313$v5

例2：200　1#$a 广州市中学生"我与化学"活动论文选编 $h 二

　　　606　0#$a 中学化学课 $j 教学参考资料

　　　690　##$aG634.83$v5

例3：200　1#$a 全国各类成人高等学校招生统一考试教材 $e 2006 年版 $e 高中起点升本、专科 $i 物理化学 $e 综合科

　　　606　0#$a 中学物理课 $x 成人教育 $j 教材

　　　606　0#$a 中学化学课 $x 成人教育 $j 教材

　　　690　##$aG723.4$v5

　　　　　690　　##$aG723.47$v5

例4：200　　1#$a 素描石膏

　　　　　225　　2#$a 高考美术解读丛书

　　　　　606　　0#$a 石膏像 $x 素描技法 $x 高考 $j 升学参考资料

　　　　　690　　##$aG634.955.3$v5

例5：200　　1#$a 梵高自传 $f（荷）梵高著 $g 陶文江，施袁喜译

　　　　　225　　2#$a 高中语文选修课程资源系列 $i 新闻与传记

　　　　　600　　#0$a 凡高 $c（Van Gogh, Vincent$f1853—1890）$x 自传 $x 高中 $j 课外读物

　　　　　690　　##$aG634.333$v5

课程主题词有：必修课、辩证唯物主义课、常识课、代数课、地理课、俄语课、法律课、高等数学课、公共课、故事课、化学课、几何课、基础课、计算机课、解析几何课、科学社会主义课、劳动课、立体几何课、历史课、美术课、日语课、三角课、少数民族语文课、社会发展史课、社会科学课、生理卫生课、生物课、实习课、实验课、世界地理课、世界史课、识字课、手工课、数学课、书法课、思想品德课、算术课、体育课、图画课、外语课、文化课、物理课、习题课、选修课、音乐课、英语课、游戏课、语文课、阅读课、哲学课、政治经济学课、政治课、中国地理课、中国史课、珠算课、专业课、自然课、作文课。

含有教育程度的课程主题词有：小学数学课、小学语文课、中学地理课、中学化学课、中学历史课、中学数学课、中学物理课、中学语文课。

存在用代关系的课程主题词有：几何课 D 平面几何课；外语课 D 德语课、法语课、西班牙语课。

2. 中等教育程度以下的各科教学大纲、教案、教学法等，以课程主题词为主标题，以"教学大纲""教案（教育）""教学法"等为副标题，以教育程度主题词为副副标题。但是，如果课程主题词含有教育程度，可省略教育程度主题词。

例1：200　　1#$a 小学语文实践活动研究

　　　　　606　　0#$a 小学语文课 $x 教学研究

　　　　　690　　##$aG623.202$v5

例2：200　　1#$a 小学数学学习心理研究

　　　　　606　　0#$a 小学数学课 $x 学习心理学

　　　　　690　　##$aG623.5$v5

例3：200　　1#$a 探索的魅力 $e 夏蒙森高中物理实验教学

　　　　　606　　0#$a 中学物理课 $x 实验 $x 教学研究 $x 高中

　　　　　690　　##$aG633.72$v5

例4：200　　1#$a 中小学教学评价 $i 美术

　　　　　606　　0#$a 美术课 $x 教学评估 $x 中小学

　　　　　690　　##$aG633$v5

　　　　　690　　##$aG633.955$v5

3. 中等专业教育程度以上的各科教材、教学参考资料、教学大纲、教学法等，不能选用课程主题词标引，应该选用反映文献主题的学科主题词为主标题，其他方面同第1点与第2点。各科教材、教学参考资料分类标引一般省略总论复分号"–43""–42"，但是，如果类号只是拉丁字母（基本大类或工业技术类双字母），应该尽可能复分。

例1：200　　1#$a 大学语文

　　　　　300　　##$a 普通高等学校通用教材

　　　　　606　　0#$a 汉语 $x 高等学校 $j 教材

　　　　　690　　##$aH193.9$v5

例2：200　　1#$a 水灾害

　　　　　300　　##$a 普通高等教育"十五"国家级规划教材

　　　　　606　　0#$a 水灾 $x 高等教育 $j 教材

　　　　　690　　##$aP426.616$v5

例3：200　　1#$a 电工基本技能

　　　　　300　　##$a 中等职业技术学校试用教材

　　　　　606　　0#$a 电工技术 $x 技术学校 $j 教材

　　　　690　　##$aTM-43$v5

例 4：200　1#$a 最新全国成人高等学校统一招生考试教材 $e 专科起点升本科 $i 英语

　　　　606　　0#$a 英语 $x 成人高等学校 $j 教材

　　　　690　　##$aG724.4$v5

　　　　690　　##$aH319.39$v5

4. 其他各类教育的各科教材、教学参考资料等，同第 3 点，用教育类型或教育对象主题词替换教育程度主题词。

例 1：200　1#$a 用电营业管理

　　　　300　　##$a 全国电力职业教育规划教材

　　　　606　　0#$a 用电管理 $x 职业教育 $j 教材

　　　　690　　##$aTM92$v5

例 2：200　1#$aInternet 入门与应用

　　　　300　　##$a 全国职业培训推荐教材

　　　　606　　0#$a 互联网络 $x 职业培训 $j 教材

　　　　690　　##$aTP393.4$v5

例 3：200　1#$a 数字图像制作处理基础

　　　　300　　##$a 数字传播技术教育应用系列教材

　　　　606　　0#$a 数字图象处理 $x 技术教育 $j 教材

　　　　690　　##$aTN911.73$v5

例 4：200　1#$a 英语听说 $h 一

　　　　300　　##$a 小学教师教育本科段教材

　　　　606　　0#$a 英语 $x 听力 $x 小学教师 $j 教材

　　　　606　　0#$a 英语 $x 口语 $x 小学教师 $j 教材

　　　　690　　##$aH319.9$v5

例 5：200　1#$a 全国计算机等级考试命题大透视 $i 三级网络技术

　　　　606　　0#$a 电子计算机 $x 等级考试 $j 自学参考资料

606　0#$a 计算机网络 $x 等级考试 $j 自学参考资料

690　##$aTP3$v5

690　##$aTP393$v5

5. 职业高中基础课的教材、教学参考资料、教学大纲、教学法等，同第 1 点与第 2 点，用"职业高中"主题词替换教育程度主题词；职业高中专业课的教材、教学参考资料、教学大纲、教学法等，同第 3 点，用"职业高中"主题词替换教育程度主题词。那么如何区分职业高中基础课与专业课呢？凡与《中图法》G633、G634 类名基本一致，并且用一个课程主题词可以概括的主题，认定为职业高中基础课，分入 G633、G634；否则认定为职业高中专业课，各入其类。

例 1：200　1#$a 中等职业学校英语学习指导与练习 $h 第 1 册

606　0#$a 英语课 $x 职业高中 $j 教学参考资料

690　##$aG634.413$v5

例 2：200　1#$a 职业高中涉外英语

606　0#$a 英语 $x 口语 $x 职业高中 $j 教材

690　##$aH319.9$v5

例 3：200　1#$a 计算机操作与使用学习指导与练习

300　##$a 中等职业学校教学用书（计算机技术专业）

606　0#$a 计算机课 $x 职业高中 $j 教学参考资料

690　##$aG634.673$v5

例 4：200　1#$aBASIC 语言程序设计

300　##$a 职业高中教材·计算机技术专业

606　0#$aBASIC 语言 $x 程序设计 $x 职业高中 $j 教材

690　##$aTP312BA$v5

例 5：200　1#$a 机械制图习题集

300　##$a 中等职业学校机电类规划教材 专业基础课程与实训课程系列

606　0#$a 机械制图 $x 职业高中 $j 习题集

690　　##$aTH126-44$v5

6. 各类型思想政治教育的教材、学习参考资料等，以反映文献主题的学科主题词为主标题，以"教材""学习参考资料"等为副标题。

　　例1：200　　1#$a"三个代表"重要思想简明读本
　　　　　300　　##$a 新世纪党课系列教材
　　　　　606　　0#$a"三个代表"$j 教材
　　　　　690　　##$aD610.2$v5

　　例2：200　　1#$a 社会主义荣辱观建设论
　　　　　606　　0#$a 思想政治教育 $y 中国 $j 学习参考资料
　　　　　690　　##$aD64$v5

6.8　个人文集、选集、全集的标引

　　一般情况下，个人文集、选集、全集应以文献的研究对象或重点研究对象为标引的主要依据，这是文献标引的基本原则。但是，如果文献内容庞杂、难以概括，可以根据词表的收词情况，用个人名称或较泛指的学科主题词标引。

　　1. 个人文集、选集、全集的研究对象或重点研究对象明确，不论文献题名中是否含有个人名称，均应按文献内容标引。

　　例1：200　　1#$a 王选文集
　　　　　606　　0#$a 计算机应用 $j 文集
　　　　　606　　0#$a 电子排版系统 $j 文集
　　　　　690　　##$aTP39-53$v5
　　　　　690　　##$aTS803.23-53$v5

　　例2：200　　1#$a 李德生文集 $f 李德生著
　　　　　330　　##$a 本文集选录了李德生院士不同时期的石油地质论文 83 篇。内容涵盖石油地质调查、地球物理勘探、油气田开发、含油气盆地构造分析、储油气层评价研究、油气储量计算方法和中国油气资源远景论述等方面。

606　0#$a 石油天然气地质 $j 文集

690　##$aP618.130.2$v5

例3：200　1#$a 应松年文集 $f 应松年著

330　##$a 本文集重点收录了作者关于中国行政法方面的论文，以及少量文学作品、个人专访、书评等。

606　0#$a 行政法 $y 中国 $j 文集

690　##$aD922.104$v5

例4：200　1#$a 尹俭文集 $i 小说卷 $f 尹俭著

606　0#$a 中国文学 $x 当代文学 $x 作品集

606　0#$a 中篇小说 $x 小说集 $y 中国 $z 当代

606　0#$a 短篇小说 $x 小说集 $y 中国 $z 当代

690　##$aI217.62$v5

690　##$aI247.7$v5

例5：200　1#$a 夏衍全集 $h4-5$i 电影剧本

600　#0$a 夏衍 $f（1900—1995）$j 全集

606　0#$a 电影文学剧本 $x 作品集 $y 中国 $z 现代

690　##$aI217.52$v5

690　##$aI235.1$v5

例6：200　1#$a 刘学愚孙德华文集 $f 刘学愚，孙德华著

330　##$a 本书为经济学界著名专家学者刘学愚、孙德华夫妇从事教学、科研40多年来在经济学领域躬耕实践的硕果。全书共分政治经济学研究篇、市场经济与体制改革篇、社会主义与经济建设篇等6个部分。

606　0#$a 经济学 $j 文集

690　##$aF0-53$v5

2. 个人文集、选集、全集内容庞杂、难以概括，如果词表有个人名称主题词，可以个人名称为主标题，以"文集""选集""全集"为副标题标引；如果词表没有个人名称主题词，可以较泛指的学科主题词（社会科学、自然科学）为主标

题，以"文集""选集""全集"为副标题标引。个人的社会科学、自然科学文集、选集、全集，分类标引入 C52、N52；多人的社会科学、自然科学文集、选集、全集，分类标引入 C53、N53。

例1： 200　1#$a 黑格尔经典文存 $f（德）黑格尔著 $g 瑜青主编

　　　330　##$a 本书收录了黑格尔的《论美的概念》《各门艺术共同的发展过程》《哲学史的意义和概念》《中国哲学》《世界历史是一个合理的过程》等 16 篇文章。

　　　600　#0$a 黑格尔 $c（Hegel, Georg Wehelm$f1770—1831）$j 文集

　　　690　##$aB516.35$v5

例2： 200　1#$a 康德著作全集 $h 第 5 卷 $i 实践理性批判 判断力批判

　　　600　#0$a 康德 $c（Kant, Immanuel$f1724—1804）$j 全集

　　　606　0#$a 德国古典哲学

　　　606　0#$a 无神论

　　　690　##$aB516.31$v5

　　　690　##$aB91$v5

例3： 200　1#$a 孙中山全集 $e1890—1925.3

　　　600　#0$a 孙中山 $f（1866—1925）$j 全集

　　　690　##$aD693.0$v5

例4： 200　1#$a 杰斐逊选集 $f（美）托马斯·杰斐逊著 $g 朱曾汶译

　　　330　##$a 本选集选编了杰斐逊在不同历史阶段写下的论著、法案和大量信件，从中可以窥见其民主思想的全貌及其在美国民主制度建设中的贡献。

　　　600　#0$a 杰佛逊 $c（Jefferson, Thomas$f1743—1826）$j 选集

　　　690　##$aD771.209$v5

例5： 200　1#$a 刘少奇选集 $f 刘少奇著

　　　600　#0$a 刘少奇 $f（1898—1969）$j 选集

　　　690　##$aD2-0$v5

例6： 200　1#$a 渔人之路和问津者之路 $f 张文江著

330　##$a 本书收录了 23 篇文章，内容涉及曾国藩的学术和人生、中国地理大势、《桃花源记》、中西象棋异同论、《红楼梦》、鲁迅作品、武侠小说、《说文解字》等。

606　0#$a 社会科学 $j 文集

690　##$aC52$v5

例 7：200　1#$a 吴立德学术论文选 $f 吴立德著

330　##$a 本书包括作者自然科学方面的论文几十余篇，涉及的领域有：概率统计、计算机应用、图像视频处理和模式识别、自然语言处理等。

606　0#$a 自然科学 $j 文集

690　##$aN52$v5

例 8：200　1#$a 林世琛文集 $f 林世琛著

606　0#$a 科学技术 $j 文集

690　##$aN52$v5

例 9：200　1#$a 年度学术 2003$e 人们对世界的想象 $f 赵汀阳主编

606　0#$a 社会科学 $j 文集

690　##$aC53$v5

6.9　普通读物的标引

普通读物一般以反映读物内容的学科主题词为主标题，以表示读物形式的主题词为副标题。《中图法》总论复分号"–49 普及读物"只细分到主表类号第一个小数点之前，第一个小数点之后不再加"–49"复分；《中图法》总论复分表只用到主表类号第二个小数点之前，第二个小数点之后不再加总论复分号。普通读物可分为无明确读者群与有明确读者群两类。

1. 对于无明确读者群的普通读物，社会科学读物以"通俗读物"为副标题，自然科学与科学技术读物以"普及读物"为副标题（分入《中图法》A 大类至 K 大类的读物以"通俗读物"为副标题，分入 N 大类至 Z 大类的读物以"普及读物"

为副标题）。

例1： 200　1#$a 世界上最伟大的处世经典 $e 珍藏版
　　　 606　0#$a 人生哲学 $j 通俗读物
　　　 690　##$aB821-49$v5

例2： 200　1#$a 字源谈趣 $e 详说 800 个常用汉字之由来 $e 插图珍藏本
　　　 606　0#$a 汉字 $x 字源 $j 通俗读物
　　　 690　##$aH12-49$v5

例3： 200　1#$a 青少年的 6 堂心理课
　　　 606　0#$a 青少年心理学 $j 通俗读物
　　　 690　##$aB844.2$v5

例4： 200　1#$a 改变世界的植物
　　　 606　0#$a 植物学 $j 普及读物
　　　 690　##$aQ94-49$v5

例5： 200　1#$a 没有极限的科学
　　　 606　0#$a 科学哲学 $j 普及读物
　　　 690　##$aN02$v5

例6： 200　1#$a 地球秘境
　　　 606　0#$a 科学知识 $j 普及读物
　　　 690　##$aZ228$v5

例7： 200　1#$a 中医内科学图表解
　　　 606　0#$a 中医内科学 $x 基本知识
　　　 690　##$aR25$v5

例8： 200　1#$a 基层环境保护工作知与行
　　　 606　0#$a 环境保护 $x 基本知识
　　　 690　##$aX-49$v5

2. 有明确读者群的普通读物，分别选用相对应的读物主题词"中老年读物""青年读物""少年读物""少儿读物""儿童读物""男性读物""女性读物"

为副标题。

  例 1：200 1#$a 世界上下五千年

     606 0#$a 世界史 $j 青年读物

     690 ##$aK109$v5

  例 2：200 1#$a 天文奥秘一点通

     606 0#$a 天文学 $j 少年读物

     690 ##$aP1-49$v5

  例 3：200 1#$a 世界上最难解的谜

     225 2#$a 中国少年儿童阅读文库

     606 0#$a 科学知识 $j 少儿读物

     690 ##$aZ228.1$v5

  例 4：200 1#$a 婴幼儿益智游戏

     606 0#$a 智力游戏 $j 儿童读物

     690 ##$aG898.2$v5

  例 5：200 1#$a 南京地方税务年鉴 $h2003 ～ 2004

     606 0#$a 地方税收 $y 南京 $z2003-2004$j 年鉴

     690 ##$aF812.753.142$v5

6.10 "H 语言、文字"类的标引

  语言是人类最重要的交际工具，是人们进行沟通交流的各种表达符号，人们借助语言保存和传递人类文明的成果。汉语、英语、法语、俄语、西班牙语、阿拉伯语是世界上主要的语言，也是联合国的工作语言。汉语是世界上使用人口最多的语言，英语是世界上使用最广泛的语言。文字是人类用来记录语言的符号系统，是文明社会产生的标志。

6.10.1 英语类文献的标引

6.10.1.1 教材教参类英语文献的标引

1. 中等学校以上（包括中等专业学校英语专业）的英语教学法、教材、课本、教学参考书等入 H319 有关各类，综合性教材、教学参考书入 H319.39，专论入有关各类，例如，英语语法教材入 H319.35，但是，英语水平考试的教材教参入 H310.4 各类，专论入有关各类，例如，英语语法水平考试教材入 H314。

例 1： 200　1#$a 大学英语实践教程

606　0#$a 英语 $x 高等学校 $j 教材

690　##$aH319.39$v5

例 2： 200　1#$a 实用大学英语写作教程

300　##$a 新世纪高等教育英语类课程规划教材

606　0#$a 英语 $x 写作 $x 高等教育 $j 教材

690　##$aH319.36$v5

例 3： 200　1#$a 雅思考试 DIY

606　0#$a 英语 $x 水平考试 $j 自学参考资料

690　##$aH310.41$v5

例 4： 200　1#$a 新托福写作高分指南

606　0#$a 英语 $x 写作 $x 水平考试 $j 自学参考资料

690　##$aH315$v5

例 5： 200　1#$a 雅思名师大讲堂 $i 写作分册

606　0#$a 英语 $x 水平考试 $j 自学参考资料

606　0#$a 英语 $x 写作 $x 水平考试 $j 自学参考资料

690　##$aH310.41$v5

690　##$aH315$v5

例 6： 200　1#$a 全国英语等级考试（PETS）综合教程 $i 第二级

606　0#$a 英语 $x 等级考试 $j 教材

690   ##$aH310.422$v5

例7：200   1#$a 全国英语等级考试五级核心词汇手册

606   0#$a 英语 $x 词汇 $x 等级考试 $j 自学参考资料

690   ##$aH313.1$v5

例8：200   1#$a 英语教学法新论

606   0#$a 英语 $x 教学法

690   ##$aH319.3$v5

2. 大学英语水平考试、研究生入学英语资格考试的综合性教材教参入 H310.421，专论入 H319 有关各类。

例1：200   1#$a 英语专业八级考试培训教程 $i 写作

606   0#$a 英语 $x 高等学校 $j 教学参考资料

606   0#$a 英语 $x 写作 $x 高等学校 $j 教学参考资料

690   ##$aH310.421$v5

690   ##$aH319.36$v5

例2：200   1#$a 全新大学英语四级写作强训

606   0#$a 英语 $x 写作 $x 高等学校 $j 教学参考资料

690   ##$aH319.36$v5

例3：200   1#$a 大学英语四级考试词汇背多分

606   0#$a 英语 $x 词汇 $x 高等学校 $j 教学参考资料

690   ##$aH319.34$v5

例4：200   1#$aGCT 英语考前辅导教程

300   ##$a2012 硕士学位研究生入学资格考试

606   0#$a 英语 $x 硕士生入学考试 $j 升学参考资料

690   ##$aH310.421$v5

例5：200   1#$a 考研英语长难句与词汇突破

606   0#$a 英语 $x 句法 $x 硕士生入学考试 $j 升学参考资料

606   0#$a 英语 $x 词汇 $x 硕士生入学考试 $j 升学参考资料

690　##$aH319.35$v5

690　##$aH319.34$v5

3. 非教材教参类英语入 H31/H317 有关各类，不含教育程度的英语自学参考资料视同非教材教参类。

例 1：200　1#$a 新英汉日用分类词汇手册

606　0#$a 英语 $x 词汇 $j 手册

690　##$aH313.1-62$v5

例 2：200　1#$a 实用英语语音基础理论与实践

606　0#$a 英语 $x 语音

690　##$aH311$v5

例 3：200　1#$a 英语入门包学包会

606　0#$a 英语 $j 自学参考资料

690　##$aH31$v5

4. 由于 H319.3 没有与 H315.9 相对应的类目，因此有关英语翻译的主题，不论是否为教材教参均入 H315.9。

例 1：200　1#$a 汉英误译经典例析 1000

606　0#$a 英语 $x 翻译

690　##$aH315.9$v5

例 2：200　1#$a 大学英汉翻译教程

606　0#$a 英语 $x 翻译 $x 高等学校 $j 教材

690　##$aH315.9$v5

5. "H319.32 语音教学" 类目注释规定：口语教学入此，教材、听说读练习等入 H319.9。非教材教参英语听力口语会话也入 H319.9，英语语音教材教参入 H319.32。

例 1：200　1#$a 大学英语语音教程

606　0#$a 英语 $x 语音 $x 高等学校 $j 教材

690　##$aH319.32$v5

例2： 200 1#$a 新 21 世纪大学英语视听说教程 $h4

　　　 300 ##$a 普通高等教育"十一五"国家级规划教材

　　　 606 0#$a 英语 $x 听力 $x 高等教育 $j 教材

　　　 606 0#$a 英语 $x 口语 $x 高等教育 $j 教材

　　　 690 ##$aH319.9$v5

例3： 200 1#$a 英语会话 $e 说来说去就这几句

　　　 606 0#$a 英语 $x 会话

　　　 690 ##$aH319.9$v5

6. "H319.6 习题、试题"类目注释规定：英语水平考试试题、习题入 H310.4 有关各类，例如，《GRE 试题汇编》入 H310.41-44。中等学校以上的英语综合性试题、习题入 H319.6，专论入 H319.3 有关各类并加"-44"复分。

例1： 200 1#$a 新概念英语 2 高材生一课一练

　　　 606 0#$a 英语 $j 习题

　　　 690 ##$aH319.6$v5

例2： 200 1#$a 大学英语精练 $h5

　　　 606 0#$a 英语 $x 高等学校 $j 试题

　　　 690 ##$aH319.6$v5

例3： 200 1#$a 大学英语四级考试改革题型模拟题 710 分

　　　 606 0#$a 英语 $x 高等学校 $j 试题

　　　 690 ##$aH310.421-44$v5

例4： 200 1#$a 全国英语等级考试全真预测试题 $i 第四级

　　　 606 0#$a 英语 $x 等级考试 $j 试题

　　　 690 ##$aH310.422-44$v5

例5： 200 1#$a 剑桥雅思官方模考题精讲精练

　　　 606 0#$a 英语 $x 水平考试 $j 试题

　　　 690 ##$aH310.41-44$v5

例6： 200 1#$a 新托福真题详解 $i 写作分卷

606　0#$a 英语 $x 水平考试 $j 题解

606　0#$a 英语 $x 写作 $x 水平考试 $j 题解

690　##$aH310.41–44$v5

690　##$aH315–44$v5

例 7：200　1#$a 高等学校英语应用能力考试分项训练 $i 听力、语法篇

606　0#$a 英语 $x 高等学校 $j 习题集

606　0#$a 英语 $x 听力 $x 高等学校 $j 习题集

606　0#$a 英语 $x 语法 $x 高等学校 $j 习题集

690　##$aH310.421–44$v5

690　##$aH319.9–44$v5

例 8：200　1#$a 英语语法练习册

606　0#$a 英语 $x 语法 $j 习题集

690　##$aH314–44$v5

例 9：200　1#$a 大学英语四级考试词汇和语法结构活页题集

606　0#$a 英语 $x 词汇 $x 高等学校 $j 习题集

606　0#$a 英语 $x 语法结构 $x 高等学校 $j 习题集

690　##$aH319.34–44$v5

690　##$aH319.35–44$v5

6.10.1.2　英语读物的标引

英语读物是指以帮助人们学习英语、提高英语阅读能力为目的的各种简易读物、对照读物、注释读物等。英语读物分类标引入 H319.4，并可根据情况用组配编号法细分。英语读物主题标引以读物的写作目的即英语学习为主要对象进行标引，其叙述的内容或文学体裁可根据情况进行双重标引。

1. 英汉对照读物是指英语、汉语或汉语、英语相互对照的英语读物，主题标引首先标引"英语—汉语—对照读物"，其次再根据情况按读物的内容或文学体裁进行双重标引。

例1： 200　　1#$a 英语文选菁华

225　　2#$a 绿色英语阅读系列

606　　0#$a 英语 $x 汉语 $j 对照读物

690　　##$aH319.4$v5

例2： 200　　1#$a 虫子 $e 英汉对照

225　　2#$a 外研社·DK 英汉对照百科读物

606　　0#$a 英语 $x 汉语 $j 对照读物

606　　0#$a 昆虫 $x 基本知识

690　　##$aH319.4：Q96$v5

例3： 200　　1#$a 英美散文菁华

225　　2#$a 绿色英语阅读系列

606　　0#$a 英语 $x 汉语 $j 对照读物

606　　0#$a 散文集 $y 美国

606　　0#$a 散文集 $y 英国

690　　##$aH319.4：I712.6$v5

690　　##$aH319.4：I561.6$v5

例4： 200　　1#$a 达·芬奇

225　　2#$a 外教社人物传记丛书 $e 英汉对照

606　　0#$a 英语 $x 汉语 $j 对照读物

600　　#0$a 达·芬奇 $c（Leonardo,da Vinci$f1452—1519）$x 传记

690　　##$aH319.4：K835.465.72$v5

2. 英语简易读物、注释读物是指除英汉对照读物以外的其他英语读物，主题标引首先标引"英语—语言读物"，其次再根据情况按读物的内容或文学体裁进行双重标引。

例1： 200　　1#$a 生而为赢 $e 新东方英语背诵美文30篇

606　　0#$a 英语 $j 语言读物

690　　##$aH319.4$v5

例2： 200　1#$a 远大前程 $e 英文插图本

　　　 225　2#$a 小书架—插图版英语世界名著系列丛书

　　　 606　0#$a 英语 $j 语言读物

　　　 606　0#$a 长篇小说 $y 英国 $z 近代 $j 缩写

　　　 690　##$aH319.4：I561.44$v5

3. 中等专业教育程度以上的英语阅读教学是一类特殊的英语读物，主题标引首先标引"英语—阅读—（教育程度）—（文献类型）"，其次再根据情况按文献的内容或文学体裁进行双重标引；分类标引入 H319.37。

例1： 200　1#$a 英语专业四级阅读 263 训

　　　 300　##$a 高等学校英语专业等级考试必备

　　　 606　0#$a 英语 $x 阅读 $x 高等学校 $j 教学参考资料

　　　 690　##$aH319.37$v5

例2： 200　1#$a 英美诗歌名篇研读

　　　 300　##$a 大学文科英汉双语教材系列

　　　 606　0#$a 英语 $x 阅读 $x 高等学校 $j 教材

　　　 606　0#$a 诗集 $y 英国

　　　 606　0#$a 诗集 $y 美国

　　　 690　##$aH319.37$v5

4. 中小学英语读物只突出英语学习，其内容或文学体裁不揭示，主题标引为"英语课—小学—课外读物""英语课—初中—对照读物"。中小学英语读物分类标引入 G634.413、G624.313。学前教育英语读物标引参照中小学英语读物。

例1： 200　1#$a 英语漫谈

　　　 225　2#$a 小学图书馆百科文库

　　　 606　0#$a 英语课 $x 小学 $j 课外读物

　　　 690　##$aG624.313$v5

例2： 200　1#$a 噪音污染 $e 英语学习读物

　　　 225　2#$a 蓝鹦鹉中学英语听读文库 .Cowin 英语百科阅读

　　　　606　0#$a 英语课 $x 中学 $j 对照读物

　　　　690　##$aG634.413$v5

例 3：200　1#$a 简·爱 $e 英汉对照 $f（英）夏洛蒂·勃郎特原著 $g（英）苏·乌尔斯坦改写 $g 赵春燕翻译

　　　　300　##$a 中国学生英语文库·世界经典文学简易读物

　　　　606　0#$a 英语课 $x 中小学 $j 对照读物

　　　　690　##$aG634.413$v5

5. 如果文献主题比较复杂，难以用一个标题充分揭示，可以参照英语读物用多个标题标引。

例 1：200　1#$a 英语北京导游

　　　　300　##$a 英语导游人员参考用书

　　　　606　0#$a 导游 $x 英语 $x 口语

　　　　606　0#$a 导游 $x 解说词 $y 北京市

　　　　690　##$aF590.633$v5

　　　　690　##$aK928.91$v5

例 2：200　1#$a 如何学习 CGFNS

　　　　300　##$a 国际护士资格认证考试（CGFNS）系列教材

　　　　330　##$a 本书指导学员如何有效地学好 CGFNS 资料，如何把自身的专业知识和英语知识有效地结合，并就纯正的英语表达、考试的重点内容，以及西方人的护理理念等进行阐述。

　　　　606　0#$a 护理学 $x 英语 $x 考核 $j 教材

　　　　606　0#$a 护士 $y 美国 $x 考核 $j 教材

　　　　690　##$aR47$v5

　　　　690　##$aR192.6$v5

例 3：200　1#$a 宋词地图 $e 跟着宋词去旅行

　　　　330　##$a 本书是图文并茂的人文旅行手册，以宋代诗词为线索，使代表性诗词中的地名形象化，讲述了开封、洛阳、泰山、蓬莱等胜地的旅游。

606   0#$a 旅游指南 $y 中国

606   0#$a 宋词 $x 作品集

690   ##$aK928.9$v5

6.10.1.3 专业英语文献的标引

专业英语入有关各类，专业英语阅读、听力、口语等随专业英语入类。

例1： 200   1#$a 统计学专业英语

606   0#$a 统计学 $x 英语

690   ##$aC8$v5

例2： 200   1#$a 管理学专业英语实用教程

606   0#$a 管理学 $x 英语 $j 教材

690   ##$aC93$v5

例3： 200   1#$a 应用化学专业英语

300   ##$a 高等学校教材

606   0#$a 应用化学 $x 英语 $x 高等学校 $j 教材

690   ##$aO69$v5

例4： 200   1#$a 商务英语基础教程

606   0#$a 商务 $x 英语 $j 教材

690   ##$aF7$v5

例5： 200   1#$a 商务英语听力 $h 下

300   ##$a 高职高专商务英语实训系列教材

606   0#$a 商务 $x 英语 $x 听力 $x 高等职业教育 $j 教材

690   ##$aF7$v5

例6： 200   1#$a 音乐专业英语阅读教程

300   ##$a 大学专业英语系列教程

606   0#$a 音乐 $x 英语 $x 阅读 $x 高等学校 $j 教材

690   ##$aJ6$v5

例 7： 200　1#$a 零起点说生意英语

　　　　606　0#$a 商业经营 $x 英语 $x 口语

　　　　690　##$aF715$v5

6.10.2　常用外国语文献的标引

常用外国语是指 H32/37 的法语、德语、西班牙语、俄语、日语、阿拉伯语。H32/37 均可仿 H31 分。H32/37 各种常用外国语文献的分类标引与 H31 完全一致。

例 1： 200　1#$a 新日本语能力测试重点攻关 $iN1 语法

　　　　606　0#$a 日语 $x 水平考试 $j 自学参考资料

　　　　606　0#$a 日语 $x 语法 $x 水平考试 $j 自学参考资料

　　　　690　##$aH360.41$v5

　　　　690　##$aH364$v5

例 2： 200　1#$a 大学俄语四、六级考试综合指导及真题模拟训练

　　　　606　0#$a 俄语 $x 高等学校 $j 教学参考资料

　　　　690　##$aH350.421$v5

例 3： 200　1#$a 法语写作教程

　　　　300　##$a 外研社·供高等学校法语专业使用

　　　　606　0#$a 法语 $x 写作 $x 高等学校 $j 教材

　　　　690　##$aH329.36$v5

例 4： 200　1#$a 法语突破培训教程

　　　　606　0#$a 法语 $j 教材

　　　　690　##$aH329.39$v5

例 5： 200　1#$a 俄罗斯历史之路——千年回眸 $e 俄中对照

　　　　606　0#$a 俄语 $x 汉语 $j 对照读物

　　　　607　##$a 俄罗斯 $x 历史

　　　　690　##$aH359.4：K512$v5

例 6： 200　1#$a 巴黎圣母院

225　　2#$a 法语注释阅读丛书

606　　0#$a 法语 $j 语言读物

606　　0#$a 长篇小说 $y 法国 $z 近代 $j 缩写

690　　##$aH329.4：I565.44$v5

例 7： 200　　1#$a 德语国家概况 $e 德文版

300　　##$a 高等学校德语专业教材

606　　0#$a 德语 $x 阅读 $x 高等学校 $j 教材

607　　##$a 欧洲 $x 概况

690　　##$aH339.37$v5

例 8： 200　　1#$a 计算机日语

300　　##$a 高等学校专业外语教材

606　　0#$a 电子计算机 $x 日语 $x 高等学校 $j 教材

690　　##$aTP3$v5

例 9： 200　　1#$a 零起点说生意德语

606　　0#$a 商业经营 $x 德语 $x 口语

690　　##$aF715$v5

6.10.3　其他外国语文献的标引

其他外国语是指 H4/95 的朝鲜语、波斯语、意大利语等。H4/95 均可仿 H211/289 中国少数民族语言复分表分。专业外国语随专业英语入有关各类。

例 1： 200　　1#$a 大学意大利语教程

606　　0#$a 意大利语 $x 高等学校 $j 教材

690　　##$aH772.939$v5

例 2： 200　　1#$a 实用韩国语写作教程

300　　##$a 普通高等教育"十一五"国家级规划教材

606　　0#$a 朝鲜语 $x 写作 $x 高等教育 $j 教材

690　　##$aH559.36$v5

例 3： 200　　1#$a 不可不知的 316 句韩语口头禅

　　　　606　　0#$a 朝鲜语 $x 口语

　　　　690　　##$aH559.4$v5

例 4： 200　　1#$a 经济韩国语

　　　　606　　0#$a 经济 $x 朝鲜语

　　　　690　　##aFv5

例 5： 200　　1#$a 零起点说生意韩语

　　　　606　　0#$a 商业经营 $x 朝鲜语 $x 口语

　　　　690　　##$aF715$v5

6.10.4　汉语类文献的标引

1. "H1 汉语"的类目设置与 H31 基本一致，有关汉语教学的著作入 H19 有关各类。

例 1： 200　　1#$a 汉语语法问题研究

　　　　606　　0#$a 汉语 $x 语法 $x 研究

　　　　690　　##$aH14$v5

例 2： 200　　1#$a 大学语文新教程

　　　　606　　0#$a 汉语 $x 高等学校 $j 教材

　　　　690　　##$aH193.9$v5

例 3： 200　　1#$a 现代汉语 $h 上册

　　　　300　　##$a 普通高等教育语言专业重点规划教材

　　　　606　　0#$a 现代汉语 $x 高等教育 $j 教材

　　　　690　　##$aH193.9$v5

2. "H19 汉语教学"有类目注释：包括中等以上的少数民族汉语教学。有关中等以上的少数民族汉语教学的主题也入 H19 有关各类。

例 1： 200　　1#$a 汉语语法教程 $e 民族版

　　　　300　　##$a 民族版汉语专业系列教材

606　0#$a 汉语 $x 语法 $x 少数民族教育 $j 教材

690　##$aH193.5$v5

例 2：200　1#$a 民族预科汉语文教程 $i 常用应用文写作

606　0#$a 汉语 $x 少数民族教育 $j 教材

606　0#$a 应用文 $x 写作 $x 少数民族教育 $j 教材

690　##$aH193.9$v5

690　##$aH193.6$v5

3. "H152.3 应用文"有类目注释：总论入此，专论入有关各类。

例 1：200　1#$a 应用文写作

606　0#$a 应用文 $x 写作

690　##$aH152.3$v5

例 2：200　1#$a 应用文写作

300　##$a21 世纪普通高等教育规划教材

606　0#$a 应用文 $x 写作 $x 高等教育 $j 教材

690　##$aH193.6$v5

例 3：200　1#$a 经济应用文写作

300　##$a 普通高校"十二五"规划教材 公共基础课系列

606　0#$a 经济 $x 应用文 $x 写作 $x 高等学校 $j 教材

690　##$aF−43$v5

例 4：200　1#$a 公文写作实用教程

606　0#$a 公文 $x 写作 $j 教材

690　##$aC931.46$v5

6.10.5　对外汉语读物的标引

　　对外汉语读物的标引可以参照英语读物，如果主题比较复杂，难以用一个标题充分揭示时，可以用多个标题标引。对外汉语教学主题中的外语因素，标引时可忽略。

例1： 200　1#$a 家 $f 巴金原著 $g 卢晓逸等改写、注释 $g 鲁健骥英文翻译
　　　 606　0#$a 汉语 $x 对外汉语教学 $j 课外读物
　　　 606　0#$a 三部曲（作品）$x 长篇小说 $y 中国 $z 现代 $j 缩写
　　　 690　##$aH195.5$v5

例2： 200　1#$a 元代人物故事 $f 张欣编著 $g 郭钦翻译
　　　 606　0#$a 汉语 $x 对外汉语教学 $j 课外读物
　　　 606　0#$a 历史故事 $x 作品集 $y 中国 $z 当代
　　　 690　##$aH195.5$v5

例3： 200　1#$a 中国概况
　　　 300　##$a 北大版新一代对外汉语教材·文化汉语系列
　　　 606　0#$a 汉语 $x 阅读 $x 对外汉语教学 $j 教材
　　　 607　##$a 中国 $x 概况
　　　 690　##$aH195.5$v5

例4： 200　1#$a 体验汉语 $i 日语版 $i 留学篇 $e50～70课时
　　　 300　##$a 中国国家汉办规划教材 体验汉语系列教材
　　　 606　0#$a 汉语 $x 对外汉语教学 $j 教材
　　　 690　##$aH195.4$v5

例5： 200　1#$a 体验汉语 $i 韩语版 $i 留学篇 $e50～70课时
　　　 300　##$a 中国国家汉办规划教材 体验汉语系列教材
　　　 606　0#$a 汉语 $x 对外汉语教学 $j 教材
　　　 690　##$aH195.4$v5

例6： 200　1#$a 实用对外汉语教学法
　　　 606　0#$a 对外汉语教学 $x 教学法
　　　 690　##$aH195.3$v5

例7： 200　1#$a 汉语会话301句 $e 俄汉注释 $h 上
　　　 606　0#$a 汉语 $x 会话 $x 对外汉语教学 $j 教材
　　　 690　##$aH195.5$v5

例8： 200　　1#$a 新汉语水平考试 HSK6 级仿真试题集

　　　　606　　0#$a 汉语 $x 对外汉语教学 $j 试题

　　　　690　　##$aH195.6$v5

例9： 200　　1#$a 汉语·纵横写作练习册 $h 下

　　　　300　　##$a 留学生本科必修课系列教材（第二版） 汉语纵横语言技能系列

　　　　606　　0#$a 汉语 $x 写作 $x 对外汉语教学 $j 习题集

　　　　690　　##$aH195.6$v5

6.11　多卷书的标引

多卷书是一种分卷、辑、册逐次或一次出版的文献。多卷书均应采取综合著录的方式。多卷书应按整体主题进行综合标引，并视分卷、辑、册的主题情况进行分析标引。

1. 多卷书主题单一，各分卷辑册主题一致，只进行综合标引。

例1： 200　　1#$a 微积分 $h 上册

　　　　606　　0#$a 微积分 $x 高等学校 $j 教材

　　　　690　　##$aO172$v5

例2： 200　　1#$a 微积分 $h 下册

　　　　606　　0#$a 微积分 $x 高等学校 $j 教材

　　　　690　　##$aO172$v5

例3： 200　　1#$a 犯罪学论丛 $h 第四卷

　　　　606　　0#$a 犯罪学 $j 文集

　　　　690　　##$aD917-53$v5

例4： 200　　1#$a 高丽大藏经 $h22-23

　　　　606　　0#$a 大藏经

　　　　690　　##$aB941$v5

例5： 200　　1#$a 实验化学 $hI
　　　　606　　0#$a 化学实验 $x 高等学校 $j 教材
　　　　690　　##$aO6-3$v5

2. 多卷书整体主题明确，各分卷、辑、册主题不一致，局部主题明显，应在整体主题综合标引的基础上，对各分卷、辑、册局部主题进行分析标引。

例1： 200　　1#$a 新概念物理教程 $i 热学
　　　　606　　0#$a 物理学 $x 高等学校 $j 教材
　　　　606　　0#$a 热学 $x 高等学校 $j 教材
　　　　690　　##$aO4$v5
　　　　690　　##$aO551$v5

例2： 200　　1#$a 中国气象灾害大典 $i 湖南卷
　　　　606　　0#$a 气象灾害 $y 中国 $j 史料
　　　　606　　0#$a 气象灾害 $y 湖南 $j 史料
　　　　690　　##$aP429$v5

例3： 200　　1#$a 图说天下 $i 明
　　　　606　　0#$a 中国历史 $x 古代史 $j 通俗读物
　　　　606　　0#$a 明代 $x 历史 $j 通俗读物
　　　　690　　##$aK220.9$v5
　　　　690　　##$aK248.09$v5

例4： 200　　1#$a 中国物理学史 $i 近现代卷
　　　　606　　0#$a 物理学史 $y 中国
　　　　606　　0#$a 物理学史 $y 中国 $z 近现代
　　　　690　　##$aO4-092$v5

例5： 200　　1#$a 历届鲁迅文学奖获奖作品精选 $i 散文卷
　　　　606　　0#$a 中国文学 $x 当代文学 $x 作品集
　　　　606　　0#$a 散文集 $y 中国 $z 当代

690 ##$aI217.01$v5

690 ##$aI267$v5

例6：200 1#$a 安徽省志 $h7$i 地震志

607 ##$a 安徽 $x 地方志

606 0#$a 地震志 $y 安徽

690 ##$aK295.4$v5

690 ##$aP316.254$v5

例7：200 1#$a2006 年度注册会计师全国统一考试辅导教材 $i 经济法

606 0#$a 会计师 $x 考核 $j 自学参考资料

606 0#$a 经济法 $y 中国 $x 考核 $j 自学参考资料

690 ##$aF23$v5

690 ##$aD922.290.4$v5

例8：200 1#$a 全国注册城市规划师执业资格考试辅导教材 $h 第 1 分册 $i 城市规划原理

606 0#$a 城市规划 $x 考核 $j 自学参考资料

690 ##$aTU984$v5

3. 多卷书整体主题不明确，难以概括，各分卷、辑、册主题不一致、差异很大。如果只有两三卷、辑、册，可用所有分卷、辑、册局部主题的分析标引代替综合标引；如果卷辑册较多，可用较大的学科概念主题词（社会科学、自然科学）进行综合标引，并对各分卷、辑、册进行分析标引。

例1：200 1#$a 材不材斋文集 $e 祝总斌学术研究论文集 $h 上编 $i 中国古代史研究 $f 祝总斌著

606 0#$a 中国历史 $x 古代史 $j 文集

606 0#$a 政治制度 $y 中国 $z 古代 $j 文集

690 ##$aK220.7$v5

690 ##$aD691.2-53$v5

例2：200 1#$a 材不材斋文集 $e 祝总斌学术研究论文集 $h 下编 $i 中国古

代政治制度研究 $f 祝总斌著

606   0#$a 中国历史 $x 古代史 $j 文集

606   0#$a 政治制度 $y 中国 $z 古代 $j 文集

690   ##$aK220.7$v5

690   ##$aD691.2-53$v5

4. 三层以内（含三层）的多卷书，应该逐层进行主题标引；三层以上的多卷书，除综合标引外，主题标引可以只进行最下面的两层，省略其他中间层。分类标引除综合标引外，只对最下层分析标引。

例1：200   1#$a 中国动物志 $i 无脊椎动物 $h 第二十九卷 $i 软体动物门 $i 腹足纲 $i 原始腹足目 $i 马蹄螺总科

606   0#$a 动物志 $y 中国

606   0#$a 古腹足目 $x 动物志 $y 中国

606   0#$a 马蹄螺科 $x 动物志 $y 中国

690   ##$aQ958.52$v5

690   ##$aQ959.212.08$v5

5. 各科教材、教学参考书有多卷书，且整体主题不明确的，主题标引只进行分析标引，省略综合标引；整体主题明确、有专科的，主题标引即综合标引，也进行分析标引。这是一个特例。分类标引按一般多卷书处理，综合标引与分析标引结合使用。

例1：200   1#$a 走进课堂 $i 高中数学（必修）新课标教学设计案例与评析

606   0#$a 中学数学课 $x 课堂教学 $x 教学研究 $x 高中

690   ##$aG633$v5

690   ##$aG633.602$v5

例2：200   1#$a 高考音乐强化训练 $i 基本乐理卷

606   0#$a 音乐课 $x 高考 $j 升学参考资料

606   0#$a 基本乐理 $x 高考 $j 升学参考资料

690   ##$aG634.951.3$v5

例3：200　1#$a 中等职业学校高考与毕业会考复习指导丛书 $i 专业综合 $i 建筑

　　606　0#$a 建筑学 $x 职业高中 $j 升学参考资料

　　690　##$aG634$v5

　　690　##$aTU-42$v5

例4：200　1#$a 全国各类成人高等学校招生统一考试教材 $e2006 年版 $e 高中起点升本、专科 $i 语文

　　606　0#$a 中学语文课 $x 成人教育 $j 教材

　　690　##$aG723.4$v5

　　690　##$aG723.43$v5

例5：200　1#$a 最新全国成人高等学校统一招生考试教材 $e 专科起点升本科 $i 生态学基础

　　606　0#$a 生态学 $x 成人高等学校 $j 教材

　　690　##$aG724.4$v5

　　690　##$aQ14$v5

例6：200　1#$a 全国高等教育自学考试同步训练·同步过关 $e 最新版 $i 线性代数（经管类）$e 课程代码 4184

　　606　0#$a 线性代数 $x 高等教育 $j 自学参考资料

　　690　##$aG726.9$v5

　　690　##$aO151.2$v5

例7：200　1#$a2007 年全国硕士研究生入学考试模拟试卷 $i 数学三·数学四

　　606　0#$a 高等数学 $x 硕士生入学考试 $j 试题

　　690　##$aG643.6$v5

　　690　##$aO13-44$v5

例8：200　1#$a 同等学力人员申请硕士学位英语水平全国统考辅导丛书 $i 写作透析

606 0#$a 英语 $x 硕士 $x 水平考试 $j 自学参考资料

606 0#$a 英语 $x 写作 $x 硕士 $x 水平考试 $j 自学参考资料

690 ##$aH310.421$v5

690 ##$aH319.36$v5

例 9：200 1#$a 全国计算机等级考试命题大透视 $i 二级 C 语言

606 0#$a 电子计算机 $x 等级考试 $j 自学参考资料

606 0#$aC 语言 $x 程序设计 $x 等级考试 $j 自学参考资料

690 ##$aTP3$v5

690 ##$aTP312C$v5

6. 某些多卷书的第一卷可能不含多卷信息，标引时应注意保持标引工作的一致性。

例 1：200 1#$a 水粉静物表现技法一点通 $f 宫六朝主编 $g 南方著

210 ##$a 北京 $c 中国纺织出版社 $d2005

606 0#$a 水粉画 $x 静物画 $x 绘画技法

690 ##$aJ215$v4

例 2：200 1#$a 水粉静物表现技法一点通 $h2$f 王友江著

210 ##$a 北京 $c 中国纺织出版社 $d2006

606 0#$a 水粉画 $x 静物画 $x 绘画技法

690 ##$aJ215$v4

例 3：200 1#$a 龙江春秋 $e 黑水文化论集 $f 王克文，李兆栋主编 $g 黑龙江省中华炎黄文化研究会编

210 ##$a 哈尔滨 $c 黑龙江教育出版社 $d1997

606 0#$a 文化史 $y 黑龙江省 $j 文集

690 ##$aK293.5-53$v3

例 4：200 1#$a 龙江春秋 $e 黑水文化论集之二 $f 郭淑梅，石莹主编

210 ##$a 哈尔滨 $c 哈尔滨地图出版社 $d2004

606 0#$a 文化史 $y 黑龙江省 $j 文集

690 ##$aK293.5-53$v4

例5： 200 1#$a 龙江春秋 $e 黑水文化论集之三 $f 郭崇林，郭淑梅，杨福臣主编

210 ##$a 哈尔滨 $c 哈尔滨地图出版社 $d2005

606 0#$a 文化史 $y 黑龙江省 $j 文集

690 ##$aK293.5-53$v4

7. 某些按届次出版的文献，具有多卷书的属性，应注意保持标引工作的一致性。另外，重印书、再版书也应注意保持标引工作的一致性。

例1： 200 1#$a 第一届陈维稷优秀论文奖论文汇编 $f 中国纺织工程学会编

210 ##$a 北京 $c 纺织工业出版社 $d1990

606 0#$a 纺织工业 $x 科学技术 $j 文集

690 ##$aTS1-53$v3

例2： 200 1#$a 第七届陈维稷优秀论文奖论文汇编 $f 中国纺织工程学会编

210 ##$a 北京 $c 中国纺织出版社 $d2004

606 0#$a 纺织工业 $x 科学技术 $j 文集

690 ##$aTS1-53$v4

例3： 200 1#$a 内科临床鉴别诊断 $f 陆凤翔主编

210 ##$a 南京 $c 江苏科学技术出版社 $d2000

606 0#$a 内科 $x 鉴别诊断

690 ##$aR504$v4

例4： 200 1#$a 内科临床鉴别诊断 $f 陆凤翔主编

205 ##$a2 版

210 ##$a 南京 $c 江苏科学技术出版社 $d2005

606 0#$a 内科 $x 鉴别诊断

690 ##$aR504$v4

例5： 200 1#$a 渔药手册 $f 农业部《渔药手册》编撰委员会编

210 ##$a 北京 $c 中国科学技术出版社 $d1998

```
606    0#$a 水产生物 $x 药物学 $j 手册
690    ##$aS948-62$v3
```

例 6：
```
200    1#$a 新编渔药手册 $f 杨先乐主编 $g 农业部《新编渔药手册》编撰委员会编
210    ##$a 北京 $c 中国农业出版社 $d2005
606    0#$a 水产生物 $x 药物学 $j 手册
690    ##$aS948-62$v4
```

8. 有些题名的著录方式容易被误认为是多卷书，应正确辨别。

例 1：
```
200    1#$a 中国画·工笔
606    0#$a 工笔画 $x 国画技法 $x 高等学校 $j 教材
690    ##$aJ212$v5
```

例 2：
```
200    1#$a 电工学·电工技术（第五版）同步辅导及习题全解
512    1#$a 电工学 $h 上册 $i 电工技术（第五版）同步辅导及习题全解
606    0#$a 电工技术 $x 高等学校 $j 教学参考资料
690    ##$aTM-42$v5
```

例 3：
```
200    1#$a 电工学·电子技术（第五版）同步辅导及习题全解
512    1#$a 电工学 $h 下册 $i 电子技术（第五版）同步辅导及习题全解
606    0#$a 电子技术 $x 高等学校 $j 教学参考资料
690    ##$aTN01$v5
```

例 4：
```
200    1#$a 学会做人 $e 大学生思想政治教育研究之一 $f 高万能著
606    0#$a 人生哲学 $x 高等学校 $j 教学参考资料
690    ##$aB821$v5
```

例 5：
```
200    1#$a 学会学习 学会成功 $e 大学生思想政治教育研究之二 $f 高万能著
606    0#$a 大学生 $x 学习方法
690    ##$aG642.46$v5
```

例 6： 200　　1#$a 全国一级注册建造师资格考试（市政公用工程）模拟试题·60 天冲刺

　　　　606　　0#$a 市政工程 $x 资格考试 $j 试题

　　　　690　　##$aTU99-44$v5

例 7： 200　　1#$a 运输经济（铁路）专业知识与实务

　　　　300　　##$a 全国经济专业技术资格考试用书

　　　　606　　0#$a 铁路运输 $x 运输经济 $x 资格考试 $j 自学参考资料

　　　　690　　##$aF53$v5

例 8： 200　　1#$a 国家司法考试专题讲座——刑法 46 讲

　　　　606　　0#$a 刑法 $y 中国 $x 考核 $j 自学参考资料

　　　　690　　##$aD924.04$v5

6.12　丛书的标引

丛书是按照一定的主题范围，汇集多种单独的著作，并题有一个总书名的文献，包括丛刻、文库等。丛书有两种著录方式，分散著录的丛书按单种书处理，综合著录的丛书按多卷书处理。

1. 分散著录的丛书按其中的每一种书分别进行标引，无须标引主题词"丛书"、总论复分号"-51"。

例 1： 200　　1#$a 奇妙而有趣的几何

　　　　225　　2#$a 通俗数学名著译丛

　　　　606　　0#$a 几何学 $j 普及读物

　　　　690　　##$aO18-49$v5

例 2： 200　　1#$a 布央语研究

　　　　225　　2#$a 中国新发现语言研究丛书

　　　　606　　0#$a 少数民族 $x 民族语 $x 研究 $y 西南地区

　　　　610　　0#$a 布央语

690　　##$aH289$v5

2. 为分散著录的丛书所做的丛书记录、子丛书记录，只按本层丛书记录标引，可标引主题词"丛书"、总论复分号"–51"。

例1： 200　1#$a 营销新思维丛书
　　　606　0#$a 市场营销学 $j 丛书
　　　690　##$aF713.50–51$v5

例2： 200　1#$a 环境教育丛书
　　　606　0#$a 环境教育 $j 丛书
　　　690　##$aX–4$v5

例3： 200　1#$a 中国论衡文库
　　　606　0#$a 社会科学 $j 丛书
　　　690　##$aC51$v5

例4： 200　1#$a 中国文化遗珍
　　　606　0#$a 名胜古迹 $y 中国 $j 丛书
　　　690　##$aK928.7–51$v5

例5： 200　1#$a 中国文化遗珍丛书 $i 山西
　　　225　0#$a 中国文化遗珍丛书
　　　308　##$a 丛书原题：中国文化遗珍
　　　606　0#$a 名胜古迹 $y 山西 $j 丛书
　　　690　##$aK928.702.5$v5

例6： 200　1#$a 中国文化遗珍丛书 $i 古建筑卷
　　　225　0#$a 中国文化遗珍丛书
　　　308　##$a 丛书原题：中国文化遗珍
　　　606　0#$a 古建筑 $y 中国 $j 丛书
　　　690　##$aK928.71–51$v5

3. 综合著录的丛书按多卷书处理，无须标引主题词"丛书"、总论复分号"–51"。

例1： 200　1#$a 中国少数民族风情游丛书 $i 柯尔克孜族

606   0#$a 少数民族风俗习惯 $y 中国

606   0#$a 柯尔克孜族 $x 少数民族风俗习惯 $y 中国

690   ##$aK892.3$v5

690   ##$aK892.337$v5

例2：200 1#$a 同等学历人员申请硕士学位英语水平全国统考辅导丛书 $i 阅读理解与综合填空透析

606   0#$a 英语 $x 硕士 $x 水平考试 $j 自学参考资料

606   0#$a 英语 $x 阅读 $x 硕士 $x 水平考试 $j 自学参考资料

690   ##$aH310.421$v5

690   ##$aH319.37$v5

例3：200 1#$a240 系列内燃机车检修丛书 $h 二 $i 柴油机及辅助部分检修

606   0#$a 内燃机车 $x 检修

606   0#$a 内燃机车 $x 柴油机 $x 检修

690   ##$aU269.5$v5

690   ##$aU262.11$v5

例4：200 1#$a 历代书法名家真迹丛书 $i 寿字集

606   0#$a 法帖 $x 作品集 $y 中国

690   ##$aJ292.21$v5

例5：200 1#$a 海派经济学 $h 第 12 辑

606   0#$a 经济学 $j 丛刊

690   ##$aF0-55$v5

6.13 合订书的标引

合订书第一条记录只按第一本书标引，其他分析记录只按本记录标引。

例1：200 1#$a 中国文学批评 $a 中国散文概论 $f 方孝岳著

606   0#$a 中国文学 $x 文学批评史

　　　　　690　##$aI206.09$v5

例2：200　1#$a 中国散文概论 $f 方孝岳著

　　　　　606　0#$a 散文 $x 文学研究 $y 中国

　　　　　690　##$aI207.6$v5

例3：200　1#$a 针灸资生经 $f（宋）王执中编著 $c 针经摘英集 $f（元）杜思敬辑

　　　　　606　0#$a 针灸学 $y 中国 $z 南宋

　　　　　690　##$aR245$v5

例4：200　1#$a 针经摘英集 $f（元）杜思敬辑

　　　　　606　0#$a 针灸学 $y 中国 $z 元代

　　　　　690　##$aR245$v5

6.14　词典的标引

词典可以分为语言词典（综合性）与专科词典两类，语言词典又可以分为一般语言词典与专类语言词典两种。

1. 一般语言词典以语种主题词与"词典"类主题词组配标引，无须标引总论复分号"-61"。

（1）一种语言的词典，以本语种主题词与"词典"类主题词组配标引；分类标引入该语言。

例1：200　1#$a 现代汉语词典

　　　　　606　0#$a 现代汉语 $j 词典

　　　　　690　##$aH164$v5

例2：200　1#$a 新华字典 $e 双色本

　　　　　606　0#$a 汉字 $j 字典

　　　　　690　##$aH163$v5

例3：200　1#$a 体验英语图解学习词典

606　0#$a 英语 $j 图解词典

690　##$aH316$v5

（2）两种以上语言对照的词典，以相互对照的语种主题词与"词典"类主题词组配标引，语种主题词的排列次序以词典正文为准。汉语和外语对照的词典均分入有关外语，3种及3种以上语言对照的词典入 H061。

例1：200　1#$a 牛津英汉双解联想词典

606　0#$a 英语 $x 汉语 $j 双解词典

690　##$aH316$v5

例2：200　1#$a 精编法汉汉法词典

606　0#$a 法语 $x 汉语 $j 词典

690　##$aH326$v5

例3：200　1#$a 新简明汉俄词典

606　0#$a 汉语 $x 俄语 $j 词典

690　##$aH356$v5

例4：200　1#$a 日英汉小词典

606　0#$a 日语 $x 英语 $x 汉语 $j 词典

690　##$aH061$v5

例5：200　1#$a 英法德日汉图解词典

606　0#$a 英语 $x 法语 $x 德语 $x 日语 $x 汉语 $j 图解词典

690　##$aH061$v5

（3）汉语与中国少数民族语对照词典标引方法同（2），分类标引均入 H2 有关少数民族语言类。

例1：200　1#$a 汉语土家语词典

606　0#$a 汉语 $x 土家语 $j 词典

690　##$aH273.6$v5

例2：200　1#$a 多功能新汉蒙词典

606　0#$a 汉语 $x 蒙古语（中国少数民族语言）$j 词典

  690 ##$aH212.6$v5

例3：200 1#$a 藏汉大辞典

  606 0#$a 藏语 $x 汉语 $j 词典

  690 ##$aH214.6$v5

2. 专类语言词典以语种主题词、专类语言主题词和"词典"类主题词组配标引。如果有专类语言词典先组词（方言词典、同义词词典、成语词典、反义词词典），应优先使用。以学习外语为目的的专类语言词典，其中所含的汉语对照因素可以忽略。分类标引入各语种专类语言，可以标引总论复分号"-61"。

例1：200 1#$a 现代汉语成语规范大词典

  606 0#$a 汉语 $x 成语词典

  690 ##$aH136.31-61$v5

例2：200 1#$a 客家话通用词典

  606 0#$a 客家话 $x 方言词典

  690 ##$aH176-61$v5

例3：200 1#$a 简明实用英语短语词典

  606 0#$a 英语 $x 短语 $j 词典

  690 ##$aH314.3-61$v5

例4：200 1#$a 名言英语辞典 $e 大学版

  606 0#$a 英语 $x 格言 $j 词典

  690 ##$aH313.3-61$v5

例5：200 1#$a 同义词反义词汉英对照词典 $e 新版

  606 0#$a 英语 $x 同义词词典

  606 0#$a 英语 $x 反义词词典

  690 ##$aH313.2-61$v5

3. 专科词典主题标引以其对应的专科概念主题词为主标题，如果是汉语专科词典，以"词典"为副标题，省略语种主题词；如果是两种以上语种对照的专科辞典，应标引语种主题词，以相互对照的语种主题词与"词典"为副标题、副副标题。分类标引均分入各专科，可以标引总论复分号"-61"。

例1： 200　1#$a 纺织辞典
　　　 606　0#$a 纺织 $j 词典
　　　 690　##$aTS1-61$v5

例2： 200　1#$a 计量经济学辞典
　　　 606　0#$a 计量经济学 $j 词典
　　　 690　##$aF224.0-61$v5

例3： 200　1#$a 牛津英汉双解经济学词典
　　　 606　0#$a 经济学 $x 英语 $x 汉语 $j 双解词典
　　　 690　##$aF0-61$v5

例4： 200　1#$a 英汉人体解剖学词典
　　　 606　0#$a 人体解剖学 $x 英语 $x 汉语 $j 词典
　　　 690　##$aR322-61$v5

例5： 200　1##$a 英汉烟草工业术语词典
　　　 606　0#$a 烟草工业 $x 英语 $x 汉语 $j 词典
　　　 690　##$aTS4-61$v5

例6： 200　1#$a 袖珍宋诗鉴赏辞典
　　　 606　0#$a 宋诗 $x 鉴赏 $j 词典
　　　 690　##$aI207.227.44$v5

例7： 200　1#$a 中国钱币大辞典 $i 秦汉编
　　　 606　0#$a 货币 $y 中国 $j 词典
　　　 606　0#$a 古钱（考古）$y 中国 $z 秦汉时代 $j 词典
　　　 690　##$aK875.64-61$v5
　　　 690　##$aF822.9-61$v5

例8： 200　1#$a 英汉·汉英科技搭配词典
　　　 606　0#$a 科技词典 $x 英语 $x 汉语
　　　 690　##$aN61$v5

例9： 200　1#$a 牛津法律词典
　　　　606　0#$a 法律 $x 英语 $j 词典
　　　　690　##$aD9-61$v5

4. 专科名词术语、词汇主题标引以其对应的专科概念主题词为主标题，如果是汉语专科名词术语、词汇，以"名词术语""词汇"为副标题，省略语种主题词；如果是两种以上语种对照的专科名词术语词汇，应标引语种主题词，以"名词术语""词汇"和相互对照的语种主题词为副标题、副副标题。分类标引均分入各专科，可以标引总论复分号"-61"。

例1： 200　1#$a 公路常用养护名词术语
　　　　606　0#$a 公路养护 $x 名词术语
　　　　690　##$aU418-61$v5

例2： 200　1#$a 实用英文医学术语
　　　　606　0#$a 医学 $x 名词术语 $x 英语 $x 汉语
　　　　690　##$aR-61$v5

例3： 200　1#$aWeb 信息技术英汉词汇
　　　　606　0#$a 计算机网络 $x 词汇 $x 英语 $x 汉语
　　　　690　##$aTP393-61$v5

例4： 200　1#$a 精选英汉化学化工词汇
　　　　606　0#$a 化学 $x 词汇 $x 英语 $x 汉语
　　　　606　0#$a 化学工业 $x 词汇 $x 英语 $x 汉语
　　　　690　##$aO6-61$v5
　　　　690　##$aTQ-61$v5

6.15　百科全书的标引

百科全书可以分为综合性百科全书和专科性百科全书两种。

1. 综合性百科全书主要突出其编辑形式，以"百科全书"为主标题，以编辑出版国与时代为副标题、副副标题，分类标引入"Z2 百科全书、类书"。

例1： 200　1#$a 不列颠简明百科全书

　　　 606　0#$a 百科全书 $y 英国 $z 现代

　　　 690　##$aZ256.1$v5

例2： 200　1#$a 永乐大典 $h147-150$i 二质 $f（明）解缙等编

　　　 606　0#$a 百科全书 $y 中国 $z 明代

　　　 690　##$aZ224$v5

例3： 200　1#$a 辞海 $e1999 年版缩印本

　　　 606　0#$a 百科词典 $y 中国 $z 现代

　　　 690　##$aZ32$v5

2. 专科性百科全书重点揭示其学科内容，以专科概念主题词为主标题，以"百科全书"为副标题或副副标题。分类标引均分入各专科，可以标引总论复分号"-61"。

例1： 200　1#$a 心理咨询大百科全书

　　　 606　0#$a 心理咨询 $j 百科全书

　　　 690　##$aB849.1-61$v5

例2： 200　1#$a 中国铁道百科全书 $i 通信与信号

　　　 606　0#$a 铁路 $j 百科全书

　　　 606　0#$a 铁路通信 $j 百科全书

　　　 606　0#$a 铁路信号 $j 百科全书

　　　 690　##$aU2-61$v5

　　　 690　##$aU28-61$v5

例3： 200　1#$a 中国大百科全书 $i 天文学

　　　 606　0#$a 百科全书 $y 中国 $z 现代

　　　 606　0#$a 天文学 $j 百科全书

　　　 690　##$aZ227$v5

　　　 690　##$aP1-61$v5

6.16 年鉴的标引

年鉴是以全面、系统、准确地记述上年度事物运动、发展状况为主要内容的资料性工具书。绝大多数年鉴都是按年编辑出版的,但是也有一些跨年度或累计数年的年鉴。为了便于操作,年鉴主题标引的时间与题名保持一致,这与年鉴内容所反映的实际时间是有误差的。年鉴一般分为某地区综合年鉴、某地区某方面年鉴和专科年鉴3种类型。年刊、年报的标引方法同年鉴。

1.某地区综合年鉴以地区名称为主标题,以年代和"年鉴"为副标题、副副标题,分类标引入"Z5 年鉴、年刊"。

例1: 200 1#$a 保定年鉴 $h2004—2005(总第六卷)

607 ##$a 保定 $z2004—2005$j 年鉴

690 ##$aZ522.23$v5

例2: 200 1#$a 北京宣武年鉴 $h2006

607 ##$a 宣武区 $z2006$j 年鉴

690 ##$aZ521.3$v5

例3: 200 1#$a 广州市天河年鉴 $h2005

607 ##$a 广州 $z2005$j 年鉴

610 0#$a 天河区

690 ##$aZ526.54$v5

2.某地区某方面年鉴以表达某方面状况的学科概念主题词为主标题,以地区名称、年代、"年鉴"为副标题、副副标题,可以标引总论复分号"-54"。

例1: 200 1#$a 上海房地产年鉴 $h2002

606 0#$a 房地产 $y 上海 $z2002$j 年鉴

690 ##$aF299.233-54$v5

例2: 200 1#$a 中国民政统计年鉴 $h2006

606 0#$a 民政事务 $x 统计资料 $y 中国 $z2006$j 年鉴

690 ##$aD632-66$v5

例 3： 200　　1#$a 中国建筑业年鉴 $h2005（总第 16 卷）

　　　　606　　0#$a 建筑业 $y 中国 $z2005$j 年鉴

　　　　690　　##$aF426.9-54$v5

例 4： 200　　1#$a2006 年中国国债市场年报

　　　　606　　0#$a 国债市场 $y 中国 $z2006$j 年报

　　　　690　　##$aF832.51-54$v5

3. 专科年鉴以专科概念主题词为主标题，以年代和"年鉴"为副标题、副副标题，可以标引总论复分号"-54"。

例 1： 200　　1#$a 清华哲学年鉴 $h2004

　　　　606　　0#$a 哲学 $z2004$j 年鉴

　　　　690　　##$aB-54$v5

例 2： 200　　1#$a 唐代文学研究年鉴 $h2003

　　　　606　　0#$a 中国文学 $x 古典文学研究 $z 唐代 $j 年鉴

　　　　690　　##$aI206.42-54$v5

例 3： 200　　1#$a 中国国际法年刊 $h2006

　　　　606　　0#$a 国际法 $z2006$j 年刊

　　　　690　　##$aD99-54$v5

4. 某些文献具有按年出版的属性，可以参考年鉴标引，注意保持标引工作的一致性。

例 1： 200　　1#$a2004 年全国高校社科统计资料汇编

　　　　606　　0#$a 高等学校 $x 社会科学 $x 统计资料汇总 $y 中国 $z2004

　　　　690　　##$aG649.28-66$v5

例 2： 200　　1#$a2005 年全国高校社科统计资料汇编

　　　　606　　0#$a 高等学校 $x 社会科学 $x 统计资料汇总 $y 中国 $z2005

　　　　690　　##$aG649.28-66$v5

例 3： 200　　1#$a2003 中国金融发展报告

　　　　606　　0#$a 金融 $x 研究报告 $y 中国 $z2003

　　　　　690　　##$aF832$v5

例4：200　　1#$a2004 中国金融发展报告

　　　　　606　　0#$a 金融 $x 研究报告 $y 中国 $z2004

　　　　　690　　##$aF832$v5

例5：200　　1#$a2004 中国重要考古发现 $e 中英文本 $f 国家文物局主编

　　　　　606　　0#$a 考古发现 $y 中国 $z2004

　　　　　690　　##$aK87$v5

例6：200　　1#$a 中国重要考古发现 $h2005$e 中英文本 $f 国家文物局主编

　　　　　606　　0#$a 考古发现 $y 中国 $z2005

　　　　　690　　##$aK87$v5

6.17　文献目录、索引的标引

　　文献目录、索引是提供文献查找线索、指导阅读的工具书。一般可以分为综合性、专科性和专书目录、索引3种类型。

　　1. 综合性文献目录、索引，以其对应的目录、索引类先组词为主标题，以涉及的地区和年代为副标题、副副标题。

例1：200　　1#$a 全国总书目 $h2003

　　　　　606　　0#$a 国家书目 $y 中国 $z2003

　　　　　690　　##$aZ812.1$v5

例2：200　　1#$a 元史艺文志辑本

　　　　　606　　0#$a 艺文志 $y 中国 $z 元代

　　　　　690　　##$aZ812.47$v5

例3：200　　1#$a 人一生要读的 106 本书

　　　　　606　　0#$a 推荐书目 $y 世界

　　　　　690　　##$aZ835$v5

例4：200　　1#$a 中国珍稀古籍善本书录

606 0#$a 古籍 $x 图书目录 $y 中国

606 0#$a 善本 $x 图书目录 $y 中国

690 ##$aZ838$v5

2. 专科性文献目录、索引，以专科概念主题词为主标题，以"专科目录""专题目录"类主题词为副标题。

例1： 200 1#$a 中国农学书录

606 0#$a 农学 $x 专科目录 $y 中国

690 ##$aZ88：S3$v5

例2： 200 1#$a 中国公安图书总目

606 0#$a 公安 $x 专题目录 $y 中国

690 ##$aZ88：D631$v5

例3： 200 1#$a 二十世纪宋史研究论著目录

606 0#$a 宋代 $x 历史 $x 专题目录 $z20 世纪

690 ##$aZ88：K244.07$v5

例4： 200 1#$a150 年中美关系史论著目录 $e1823—1990

606 0#$a 中美关系 $x 国际关系史 $x 专题目录 $z1823—1990

690 ##$aZ88：D829.712$v5

例5： 200 1#$a 中国共产党创建史论著目录 $e1949.10—2004.12

601 02$a 中国共产党 $x 党史 $x 专题目录 $z1917—1923

690 ##$aZ88：D231$v5

3. 专书的目录、索引，以专书名主题词为主标题，以"专书索引"类主题词为副标题标引。分类标引随原书类号，加总论复分号"-7"，但是《中图法》另有规定者除外。

例1： 200 1#$a 黄帝内经章句索引

605 ##$a《内经》$x 专书索引

690 ##$aR221-7$v5

例2： 200 1#$a 周易索引

　　　　605　　##$a《周易》$x 专书索引

　　　　690　　##$aB221.5-7$v5

例3：200　　1#$a 老子引得 老子参校

　　　　605　　##$a《道德经》$x 专书索引

　　　　690　　##$aB223.15-7$v5

例4：200　　1#$a 百二十回《红楼梦》人名索引

　　　　606　　0#$a《红楼梦》人物 $x 专书索引

　　　　690　　##$aI207.411-7$v5

4. 商品目录、工业产品目录与文献目录不同，商品目录分类标引入"F76 商品学"，工业产品目录分类标引各入其类、可加总论复分号"-63"。

例1：200　　1#$a 国内贸易统一商品目录

　　　　606　　0#$a 商品目录 $y 中国

　　　　690　　##$aF760.1$v5

例2：200　　1#$a 风神蓝鸟轿车配件目录

　　　　606　　0#$a 轿车 $x 配件 $x 工业产品目录

　　　　610　　0#$a 风神蓝鸟轿车

　　　　690　　##$aU469.110.3$v5

例3：200　　1#$a 中国建材市场采购指导目录

　　　　606　　0#$a 建筑材料工业 $x 工业企业 $x 介绍 $y 中国

　　　　606　　0#$a 建筑材料 $x 工业产品目录 $y 中国

　　　　690　　##$aF426.916$v5

　　　　690　　##$aTU5-63$v5

例4：200　　1#$a 浙江省基本医疗保险和工伤保险药品目录指南

　　　　606　　0#$a 医疗保险 $x 药品 $y 浙江省 $j 目录

　　　　606　　0#$a 工伤保险 $x 药品 $y 浙江省 $j 目录

　　　　690　　##$aR97-63$v5

例5：200　　1#$a 中国轻工业标准目录 $h2006

606　0#$a 轻工业 $x 标准 $y 中国 $z2006$j 目录

690　##$aTS07-63$v5

6.18　文献适用范围与读者对象的标引

在大多数情况下，文献适用范围与读者对象不是文献的研究对象或论述的问题，标引时一般不予考虑或只作为副标题标引。

例 1：200　1#$a 自然辩证法概论

　　　300　##$a 大连理工大学研究生公共课系列教材

　　　606　0#$a 自然辩证法 $x 研究生 $j 教材

　　　690　##$aN031$v5

例 2：200　1#$a 经济法

　　　300　##$a 全国会计专业技术资格考试指定用书

　　　606　0#$a 经济法 $y 中国 $x 资格考试 $j 教材

　　　690　##$aD922.290.1$v5

但是，在某些情况下，文献适用范围与读者对象可能由隐含主题上升为主要主题，成为最有检索意义的检索点，此时应该以其为研究对象标引。

例 3：200　1#$a 公共基础知识

　　　300　##$a 国家公务员录用考试公共科目用书

　　　606　0#$a 公务员 $y 中国 $x 考核 $j 教材

　　　690　##$aD630.3$v5

例 4：200　1#$a 出版专业基础知识

　　　300　##$a 全国出版专业职业资格考试辅导教材

　　　330　##$a 本书讲述了语言文字规范、汉语语法、汉语修辞、逻辑、古汉语、工具书的使用、信息检索几方面的知识。

　　　606　0#$a 出版工作 $x 资格考试 $j 教材

　　　690　##$aG23$v5

例5：200　1#$a 领导干部手册

　　　330　##$a 本书包括中国共产党、中国政府、经济建设、外交工作、科技、教育、体育、历史、领导机构和人员历史沿革，以及中国各地区概况等多方面知识。

　　　606　0#$a 干部教育 $y 中国 $j 手册

　　　690　##$aD630.3-62$v5

例6：200　1#$a《党政领导干部公开选拔和竞争上岗考试大纲》复习指南

　　　330　##$a 本书是党政领导干部公开选拔和竞争上岗考试辅导书，共有 7 个部分，包括最新时政、政治、经济、法律、管理、科学技术、历史、国情国力、公文写作与处理等内容。

　　　601　02$a 中国共产党 $x 领导人员 $x 考核 $j 自学参考资料

　　　606　0#$a 国家行政机关 $x 领导人员 $y 中国 $x 考核 $j 自学参考资料

　　　690　##$aD262.3$v5

　　　690　##$aD630.3$v5

6.19　改写、改编、缩编文献的标引

经过改写、改编、缩编的文献，其内容变动不大的，应与原文献标引基本一致；如果内容变化较大，甚至改换题名，应作为一种新的文献重新标引。文学作品由一种文体改写、改编为另一种文体的，应按改写、改编后的文体和改写、改编者的国籍、时代标引。

例1：200　1#$a 昆虫记 $f（法）法布尔著 $g 王丽萍译

　　　606　0#$a 昆虫学 $j 普及读物

　　　690　##$aQ96-49$v5

例2：200　1#$a 昆虫记 $f（法）法布尔原著 $g 雷素改写

　　　225　2#$a 少年版传世经典必读文库

　　　330　##$a 本书在忠实原著的前提下，挑选了有趣的、重要的、具有代表性的又为中国小读者所喜闻乐见的昆虫，进行了编辑与缩写。主要突出每一

种昆虫最具有特点的生存技能与生活状态，在表现虫性的同时，反观人性。

    606 0#$a 昆虫学 $j 少年读物

    690 ##$aQ96-49$v5

例3：200 1#$a 三国演义 $f 罗贯中原著 $g 吴远山，胡之澍改写

    225 2#$a 世界少年文学经典文库

    606 0#$a 讲史小说 $y 中国 $z 明代 $j 缩写

    606 0#$a 章回小说 $y 中国 $z 明代 $j 缩写

    606 0#$a 长篇小说 $y 中国 $z 明代 $j 缩写

    690 ##$aI242.43$v5

例4：200 1#$a 史记 $e 全本 $f（西汉）司马迁著

    606 0#$a 中国历史 $x 古代史 $j 纪传体

    690 ##$aK204.2$v5

例5：200 1#$a 史记故事 $f 司马迁原著 $g 孙侃编写

    606 0#$a 历史故事 $x 作品集 $y 中国 $z 当代

    690 ##$aI247.81$v5

例6：200 1#$a 惊魂记 $e 希区柯克悬念惊悚电影故事集 $f 何小米编

    606 0#$a 电影故事 $x 作品集 $y 中国 $z 当代

    690 ##$aI247.81$v5

例7：200 1#$a 莎士比亚戏剧故事集 $f（英）查尔斯·兰姆，（英）玛丽·兰姆改写 $g 萧乾译

    606 0#$a 故事 $x 作品集 $y 英国 $z 近代

    690 ##$aI561.44$v5

6.20 哲学家的分类标引

  在各国哲学类下，按哲学家列类。这是因为历史上著名的哲学家，往往代表某种哲学思想及其流派，因此在分类法中依人汇集其哲学著作、哲学家的综合性

著作集和有关对该哲学家研究的文献。哲学家的哲学领域专著（包括哲学史、哲学基本问题研究、对哲学流派和人物的评论、以及逻辑学、伦理学、美学、心理学、宗教方面的文献）与非哲学著作均分入各类，其中列有专类的哲学家还应在哲学家类下作互见分类，以集中揭示某哲学家的全部著作。

例1： 200 1#$a 人生智慧录 $f 叔本华著 $g 胡百华译

606 0#$a 人生哲学 $y 德国 $z 近代

690 ##$aB821.251.6$v5

690 ##$aB516.41$v5

例2： 200 1#$a 美学 $h 第一卷 $f（德）黑格尔著 $g 朱光潜译

606 0#$a 美学

690 ##$aB83$v5

690 ##$aB516.35$v5

例3： 200 1#$a 西塞罗论法律 $f（古罗马）西塞罗著 $g 王焕生译

606 0#$a 法理学 $x 研究

690 ##$aD903$v5

690 ##$aB502.42$v5

例4： 200 1#$a 休谟散文集 $f 肖聿译

606 0#$a 散文集 $y 英国 $z 近代

690 ##$aI561.64$v5

690 ##$aB561.291$v5

例5： 200 1#$a 物理学 $f（古希腊）亚里士多德著 $g 徐开来译

606 0#$a 物理学 $x 研究

690 ##$aO4$v5

690 ##$aB502.233$v5

6.21 古国名主题的标引

古希腊、古罗马、波斯帝国、拜占庭帝国、阿拉伯帝国、德意志帝国等既有地区属性，又有时代属性的古国名主题词是普通主题词。主题标引可以参照现代国名主题词标引，著录时用"$x"子字段代替"$y"表示；分类标引可依世界地区表"198 古代地区"复分，或用地区区分号"（ ）"括起，加在主类号之后。

例1： 200　1#$a 古代罗马史

　　　 606　0#$a 古罗马 $x 历史

　　　 690　##$aK126$v5

例2： 200　1#$a 失落的古希腊文明

　　　 606　0#$a 文化史 $x 古希腊

　　　 690　##$aK125$v5

例3： 200　1#$a 波斯神话 $e 插图本

　　　 606　0#$a 神话 $x 研究 $x 波斯帝国

　　　 690　##$aB932.198.3$v5

例4： 200　1#$a 古代希腊罗马美术

　　　 606　0#$a 美术史 $x 古希腊

　　　 606　0#$a 美术史 $x 古罗马

　　　 690　##$aJ110.92（198.4）$v5

　　　 690　##$aJ110.92（198.5）$v5

例5： 200　1#$a 古希腊罗马神话之旅

　　　 606　0#$a 神话 $x 文学研究 $x 古希腊

　　　 606　0#$a 神话 $x 文学研究 $x 古罗马

　　　 690　##$aI106.7（198.4）$v5

　　　 690　##$aI106.7（198.5）$v5

例6： 200　1#$a 荷马史诗导读

　　　 605　##$a《荷马史诗》$x 诗歌研究

例7：
200　1#$a 古波斯币 $e 阿契美尼德 帕提亚 萨珊
606　0#$a 古钱（考古）$x 鉴赏 $x 波斯帝国
690　##$aK865.64（198.3）$v5

例8：
200　1#$a 伊索寓言 $f（古希腊）伊索著 $g 王焕生译
606　0#$a 寓言 $x 作品集 $x 古希腊
690　##$aI17（198.4）$v5

例9：
200　1#$a 一千零一夜 $f9（阿拉伯）佚名著 $g 郅溥浩等译
606　0#$a 民间故事 $x 作品集 $y 阿拉伯半岛地区
690　##$aI371.73$v5

东方国家、西方国家、国外等具有地区属性的主题词是普通主题词，可以参照古国名主题词标引。

例1：
200　1#$a 东方科学文化的复兴
606　0#$a 自然科学史 $x 研究 $x 东方国家
690　##$aN091.955$v5

例2：
200　1#$a 中西方公务员制度比较
606　0#$a 公务员制度 $x 对比研究 $y 中国 $x 西方国家
690　##$aD630.3$v5
690　##$aD523.2$v5

例3：
200　1#$a 中外财产保险公司竞争力比较研究
606　0#$a 财产保险 $x 保险公司 $x 竞争力 $x 对比研究 $y 中国 $x 国外
690　##$aF841$v5

例4：
200　1#$a 东方神话 $f（英）雷切尔·斯多姆著 $g 曾玲玲，章昀，黄妍译
606　0#$a 神话 $x 作品集 $x 东方国家
690　##$aI17（195.5）$v5

690　##$aI106.2（198.4）$v5

例 5： 200　　1#$a 古希腊神话与传说 $e 插图本 $f（德）施瓦布著 $g 高中甫译

　　　　606　　0#$a 神话 $x 作品集 $x 古希腊

　　　　690　　##$aI17（198.4）$v5

6.22　文献文种的标引

文献文种是指记述文献内容所使用的语言形式。文献目录通常按文种分别组织，所以单一语种的文献一般不标引文种，但是，某些单一语种的双语教材等可以标引文种主题词，分类标引入各学科。以学习外语为目的的文献不标引文种，参照 6.10.1 中的第 2 点英语读物的标引与 6.14 词典的标引。其他两种或两种以上文字合印或对照的文献，分类标引不标引文种、各入其类，主题标引可以标引文种，方法是将表示文种的主题词依次置于主题词串的末尾，用"$j"子字段表示。含有其他文字的文献一般不标引文种。文种主题词有：中文、英文、法文、德文、日文、西班牙文、俄文等。

例 1： 200　　1#$a 国际法 $e 英文版

　　　　300　　##$a 高等学校法学双语教材

　　　　606　　0#$a 国际法 $x 高等学校 $j 教材 $j 英文

　　　　690　　##$aD99$v5

例 2： 200　　1#$a 材料概论

　　　　300　　##$a 普通高等学校材料科学与工程类专业新编系列教材（双语版）

　　　　606　　0#$a 材料科学 $x 高等学校 $j 教材 $j 英文

　　　　690　　##$aTB3$v5

例 3： 200　　1#$a 英国文学简史 $e 英文版

　　　　300　　##$a 普通高等教育"十一五"国家级规划教材

　　　　606　　0#$a 英国文学 $x 文学史 $x 高等教育 $j 教材 $j 英文

　　　　690　　##$aI561.09$v5

例4: 200 1#$a 玉龙山下的村庄 $e 一个美国家庭亲历的纳西生活 $e 中英文本 $f 孙佳琪（Jacqueline S. Pinson）著 $g 赵庆莲，和丽峰译

  606 0#$a 纳西族 $x 少数民族风俗习惯 $y 丽江市 $j 中文 $j 英文

  690 ##$aK892.357$v5

例5: 200 1#$a 实践理性批判 $e 英汉对照 $f（德）伊曼纽尔·康德著 $g 张永奇译

  606 0#$a 德国古典哲学 $j 英文 $j 中文

  606 0#$a 无神论 $j 英文 $j 中文

  690 ##$aB516.31$v5

  690 ##$aB91$v5

例6: 200 1#$a 临床医学双语教材 $i 内科学 儿科学

  300 ##$a 高等医药院校教材

  606 0#$a 临床医学 $x 医学院校 $j 教材 $j 英文 $j 中文

  606 0#$a 内科学 $x 医学院校 $j 教材 $j 英文 $j 中文

  606 0#$a 儿科学 $x 医学院校 $j 教材 $j 英文 $j 中文

  690 ##$aR4$v5

  690 ##$aR5$v5

例7: 200 1#$a 英语俏皮话大全

  225 2#$a 双语对照经典小读本

  606 0#$a 英语 $x 社会习惯语

  690 ##$aH313.3$v5

例8: 200 1#$a 百年上海 $e 中英文本 $f 李新主编 $g 汤伟康撰文 $g 薛长命等摄影 $g 梵非翻译

  607 ##$a 上海 $x 地方史 $j 摄影集

  690 ##$aK295.1-64$v5

例9: 200 1#$a 吴家林·保山 $e 中英文本 $f 吴家林摄影 $g 王洪波，何真编撰 $g 苗澍昌英文翻译 $g 保山市旅游局编

606　0#$a 摄影集 $y 保山市 $z 现代

690　##$aJ421.743$v5

6.23　医药科学文献的标引

1. 中医学文献主题标引应尽可能采用中医术语主题词，或能表明是中医学内容的主题词，勿与现代医学主题词相混淆，分类标引入 R2 中国医学。

如果文献中使用的是传统中医术语，而词表中也有该中医术语主题词，应直接用中医术语主题词标引，例如，中医妇产科学、肺病（中医）、肝病（中医）、霍乱（中医）、膀胱病（中医）、脾胃病、肾病（中医）、消渴、心病（中医）、心痛（中医）等中医术语主题词，一定要与对应的或相近的现代医学术语主题词（妇产科学、肺疾病、肝疾病、霍乱、膀胱疾病、胃肠病、肾疾病、糖尿病、精神病、心绞痛）区分清楚；如果词表中无此中医术语主题词，可以用中医术语主题词与现代医学术语主题词组配标引，例如，"中医五官科学：耳鼻咽喉科学"；如果文献中疾病的名称是现代医学术语，而治疗采用中医方法，其病名可选用现代医学术语主题词，治疗可根据文献内容选择合适的中医术语主题词组配标引，例如，"膀胱疾病—中药疗法""心绞痛—针灸疗法"。

例 1：200　1#$a 中医妇产科学

606　0#$a 中医妇产科学

690　##$aR271$v5

例 2：200　1#$a 中医肾病学基础

606　0#$a 肾病（中医）$x 基本知识

690　##$aR256.5$v5

例 3：200　1#$a 中医心病治法大全

606　0#$a 心病（中医）$x 中医治疗法

690　##$aR256.2$v5

例 4：200　1#$a 中医眼科学

606 0#$a 中医五官科学 $x 眼科学

690 ##$aR276.7$v5

例5: 200 1#$a 现代中医神经病学

606 0#$a 中医学 $x 神经病学

690 ##$aR277.71$v5

例6: 200 1#$a 中医教您防治糖尿病

606 0#$a 糖尿病 $x 中医治疗法

690 ##$aR255.4$v5

例7: 200 1#$a 中医辨证施治神经系统疑难病

606 0#$a 神经系统疾病 $x 疑难病 $x 辨证论治

690 ##$aR277.71$v5

例8: 200 1#$a 现代中医心血管病学

606 0#$a 心脏血管疾病 $x 中医治疗法

690 ##$aR256.2$v5

例9: 200 1#$a 眼科病名家医案·妙方解析

606 0#$a 眼病 $x 医案

606 0#$a 眼病 $x 验方

690 ##$aR276.7$v5

690 ##$aR289.5$v5

2. 在"R 医药、卫生"类标引预防医学文献时，应该使用主题词"预防医学、预防（卫生）"，不要使用一般通用概念主题词"预防"，它们的含义是不同的。

例1: 200 1#$a 预防医学

606 0#$a 预防医学 $x 医学院校 $j 教材

690 ##$aR1$v5

例2: 200 1#$a 职业病危害预防

606 0#$a 职业病 $x 预防（卫生）$x 基本知识

690 ##$aR135$v5

例3： 200　　1#$a 艾滋病性病预防与控制

　　　　606　　0#$a 获得性免疫缺陷综合征 $x 预防（卫生）

　　　　606　　0#$a 性病 $x 预防（卫生）

　　　　690　　##$aR512.910.1$v5

　　　　690　　##$aR759.01$v5

3. 某种疾病（A病）引发另一种疾病（B病）时，主题标引一般采用如下组配形式：A病—并发症—B病。但是，如果词表中有表达复合概念的先组词，应优先选用。

例1： 200　　1#$a 甲状腺眼病

　　　　606　　0#$a 甲状腺机能亢进 $x 并发症 $x 眼病 $x 诊疗

　　　　690　　##$aR581.106$v5

　　　　690　　##$aR771.3$v5

例2： 200　　1#$a 糖尿病性神经病变诊断与治疗

　　　　606　　0#$a 糖尿病 $x 并发症 $x 神经系统疾病 $x 诊疗

　　　　690　　##$aR587.2$v5

　　　　690　　##$aR747.9$v5

例3： 200　　1#$a 糖尿病脑血管病的防治

　　　　606　　0#$a 糖尿病 $x 并发症 $x 脑血管疾病 $x 防治

　　　　690　　##$aR587.2$v5

　　　　690　　##$aR743$v5

例4： 200　　1#$a 实用心脏病并发症学

　　　　606　　0#$a 心脏病 $x 并发症 $x 研究

　　　　690　　##$aR541.06$v5

例5： 200　　1#$a 血液透析并发症

　　　　606　　0#$a 血液透析 $x 并发症

　　　　690　　##$aR459.5$v5

例6： 200　　1#$a 糖尿病肾病研究

606 0#$a 糖尿病肾病 $x 研究

690 ##$aR587.2$v5

690 ##$aR692$v5

例 7： 200 1#$a 糖尿病肾病中医辨证论治

606 0#$a 糖尿病肾病 $x 辨证论治

690 ##$aR255.4$v5

690 ##$aR256.5$v5

6.24 含有地区概念或时间概念先组词的标引

总的原则是：如果文献研究的对象是先组词（属概念）本身可直接选为标引词；如果文献研究的对象是先组词的种概念，则选用种概念对应的主题词与位置因素和时间因素组配标引。含有地区概念或时间概念的先组词只能在本学科范畴内使用，不得与其他学科主题词组配标引，例如，世界近代宗教史不能标引成"世界史：近代史：宗教史"应该标引为"宗教史—世界—近代"；美国现代艺术史不能标引成"现代史：艺术史—美国"，应该标引为"艺术史—美国—现代"。含有地区概念的先组词大致可以分成以下几类：特指词、文学类、历史类、经济类及其他。

1. 含有地区概念的特指词，一般不再细分为种概念，可以直接选为标引词，例如，中国标准刊号、中国标准书号、中国对虾、中国流（围棋）、中国特色社会主义、中国象棋、中国学等主题词。

例 1： 200 1#$a 建设有中国特色社会主义难点热点问题探讨

606 0#$a 中国特色社会主义 $x 研究

690 ##$aD616$v5

例 2： 200 1#$a 中国学研究 $e 现状、趋势与意义

606 0#$a 中国学 $x 研究

690 ##$aK207.8$v5

例 3： 200　1#$a 中国流实战法

　　　　225　2#$a 围棋实战技法丛书

　　　　606　0#$a 中国流（围棋）$x 布局（类运动）

　　　　690　##$aG891.3$v5

例 4： 200　1#$a 中国象棋入门与实战精粹

　　　　606　0#$a 中国象棋 $x 基本知识

　　　　690　##$aG891.2$v5

例 5： 200　1#$a 中国对虾养殖及病害防治

　　　　606　0#$a 中国对虾 $x 对虾养殖

　　　　606　0#$a 中国对虾 $x 虾病 $x 防治

　　　　690　##$aS968.22$v5

2. 文学类含有地区概念先组词的标引。以主题词"中国文学"为例，中国文学及其各代文学作品与研究属于属概念，直接用主题词"中国文学"标引；各种文学体裁属于中国文学的种概念，应该用各种文学体裁对应的主题词与位置因素和时间因素组配标引。各种文学体裁是指：诗歌、戏剧文学、小说、报告文学、散文、民间文学、儿童文学、少数民族文学、宗教文学、妇女文学等。具体标引参见 6.5 文艺著作的标引。

例 1： 200　1#$a 世界现代文学简史

　　　　606　0#$a 世界文学 $x 现代文学史

　　　　690　##$aI109.5$v5

例 2： 200　1#$a19 世纪法国文学史

　　　　606　0#$a 近代文学 $x 文学史 $y 法国 $z19 世纪

　　　　690　##$aI565.094$v5

例 3： 200　1#$a 中国古代文学作品选

　　　　606　0#$a 中国文学 $x 古典文学 $x 作品集

　　　　690　##$aI212.01$v5

例 4： 200　1#$a 雨果文集 $h 十一 $i 散文

606 0#$a 近代文学 $x 作品集 $y 法国

606 0#$a 散文集 $y 法国 $z 近代

690 ##$aI565.14$v5

690 ##$aI565.64$v5

例5：200 1#$a 中国当代文学制度研究 $e1949～1976

606 0#$a 中国文学 $x 当代文学 $x 文学研究 $z1949—1976

690 ##$aI206.7$v5

例6：200 1#$a 印度现代文学研究 $e 印地语文学

606 0#$a 现代文学 $x 文学研究 $y 印度

690 ##$aI351.065$v5

例7：200 1#$a 女性文学的革命 $e 中国当代女性主义文学研究

606 0#$a 妇女文学 $x 文学研究 $y 中国 $z 当代

690 ##$aI206.7$v5

例8：200 1#$a 文化的重量：解读当代华裔美国文学

606 0#$a 华人文学 $x 文学研究 $y 美国 $z 当代

690 ##$aI712.065$v5

例9：200 1#$a 点之歌 $e 黄淮新格律诗选

606 0#$a 格律诗 $x 诗集 $y 中国 $z 当代

690 ##$aI227.7$v5

文学类含有地区概念的先组词有：俄罗斯文学、拉丁美洲文学、欧洲文学、欧洲文学评论、日本文学、世界文学、外国文学、亚洲文学、亚洲文学评论、英国文学、中国文学等。

文学类含有时间概念的先组词有：当代文学、古代文论、古代文学史、古典散文、古典诗歌、古典文学、古典文学研究、古典小说、古典小说评论、近代文学、现代文学、现代文学史、现代小说等。

3.历史类含有地区概念先组词的标引。以主题词"世界史、中国历史"为例，世界史、中国历史及其断代史属于属概念，直接用主题词"世界史、中国历史"

标引，断代史主题词（上古史、古代史、中世纪史、近代史、现代史）只用于世界各国断代史的组配标引；各专门学科史属于世界史、中国历史的种概念，应该用各专门学科史对应的主题词与位置因素和时间因素组配标引。各专门学科史是指：史学史、文化史、民族历史、哲学史、宗教史、美术史、生物学史等。具体标引参见 6.2 历史主题文献的标引。

例1： 200　　1#$a 世界中世纪史研究

　　　　606　　0#$a 世界史 $x 中世纪史 $x 研究

　　　　690　　##$aK13$v5

例2： 200　1#$a 反谈中国历史

　　　　606　　0#$a 中国历史 $x 研究

　　　　690　　##$aK207$v5

例3： 200　　1#$a 新体系中国古代史

　　　　606　　0#$a 中国历史 $x 古代史

　　　　690　　##$aK22$v5

例4： 200　　1#$a 人一生要知道的 100 件中国历史大事 $e 图文版

　　　　606　　0#$a 中国历史 $x 历史事件

　　　　690　　##$aK205$v5

例5： 200 1#$a 中国历史年表

　　　　606　　0#$a 中国历史 $x 历史年表

　　　　690　　##$aK208$v5

例6： 200　　1#$a 美国历史 100 次断面 $e 在印第安人土地上建立起的国家 $e 插图珍藏本

　　　　606　　0#$a 历史事件 $y 美国 $j 通俗读物

　　　　690　　##$aK712.05$v5

例7： 200　　1#$a 世界文化史

　　　　606　　0#$a 文化史 $y 世界

　　　　690　　##$aK103$v5

例8： 200　1#$a 中国古代史学史概要

606　0#$a 史学史 $y 中国 $z 古代 $x 高等学校 $j 教材

690　##$aK092.2$v5

4. 经济类含有地区概念先组词的标引。以主题词"世界经济、中国经济"为例，世界经济、中国经济及其研究属于属概念，直接用主题词"世界经济、中国经济"标引；部门经济属于世界经济、中国经济的种概念，应该用部门经济对应的主题词与位置因素和时间因素组配标引。部门经济是指农业经济、工业经济、交通运输经济、旅游经济、邮电经济、贸易经济、财政金融等。

例1： 200　1#$a 世界各国经济概况

606　0#$a 世界经济 $x 经济概况

690　##$aF112$v5

例2： 200　1#$a 世界经济史

606　0#$a 世界经济 $x 经济史 $j 教材

690　##$aF119$v5

例3： 200　1#$a 世界经济地理

606　0#$a 世界经济 $x 经济地理 $x 高等学校 $j 教材

690　##$aF119.9$v5

例4： 200　1#$a 中国经济发展战略研究

606　0#$a 中国经济 $x 经济发展战略 $x 研究

690　##$aF120.4$v5

例5： 200　1#$a 中国宏观经济调控的有效实现

606　0#$a 宏观经济调控 $x 研究 $y 中国

690　##$aF123.16$v5

例6： 200　1#$a 中国社会主义市场经济概论

606　0#$a 社会主义市场经济 $x 概论 $y 中国

690　##$aF123.9$v5

例7： 200　1#$a 我国现阶段私营经济发展问题研究

606　　0#$a 私营经济 $x 经济发展 $x 研究 $y 中国

　　690　　##$aF121.23$v5

例8：200　　1#$a 中国工业经济问题研究

　　606　　0#$a 工业经济 $x 研究 $y 中国

　　690　　##$aF42$v5

例9：200　　1#$a 中国经济法教程

　　606　　0#$a 经济法 $y 中国 $x 高等教育 $j 教材

　　690　　##$aD922.290.1$v5

经济类含有地区概念的先组词有：澳门经济、东亚经济、欧洲经济、世界经济、世界经济学、亚洲经济、中国经济、中国经济史等。

5. 地方类主题词的标引。地方类主题词是指"地方××"主题词或隐含地方概念的主题词（县级财政、县级工业、县级经济等）。以主题词"地方法规、地方经济"为例，地方法规、地方经济及其研究属于属概念，直接用主题词"地方法规、地方经济"与位置因素和时间因素组配标引；各种地方法规、部门经济属于地方法规、地方经济的种概念，应该用各种地方法规、部门经济对应的主题词与位置因素和时间因素组配标引。各种地方法规是指：行政法规、财政法规、金融法规、经济法规、劳动法规等。

例1：200　　1#$a 山西省地方性法规汇编 $h2003

　　606　　0#$a 地方法规 $y 山西 $z2003$j 汇编

　　690　　##$aD927.250.09$v5

例2：200　　1#$a 澳门民法典

　　606　　0#$a 民法 $x 法典 $y 澳门

　　690　　##$aD927.659.03$v5

例3：200　　1#$a 上海经济年鉴 $h2006（第22卷）

　　606　　0#$a 地方经济 $y 上海 $z2006$j 年鉴

　　690　　##$aF127.51-54$v5

例4：200　　1#$a 山西省县域经济发展模式研究

```
         606    0#$a 县级经济 $x 经济发展模式 $x 研究 $y 山西
         690    ##$aF127.254$v5
例 5： 200    1#$a 贵州农业发展研究
         606    0#$a 地方农业经济 $x 经济发展 $x 研究 $y 贵州
         690    ##$aF327.73$v5
例 6： 200    1#$a 思茅林区可持续发展研究
         606    0#$a 林业经济 $x 经济可持续发展 $x 研究 $y 思茅地区
         690    ##$aF326.277.42$v5
例 7： 200    1#$a 新疆社会保障问题研究
         606    0#$a 社会保障 $x 研究 $y 新疆
         690    ##$aD632.1$v5
例 8： 200    1#$a 中国西部经济发展报告 $h2006
         606    0#$a 西部经济 $x 经济发展 $x 研究报告 $z2006
         690    ##$aF127.4$v5
         690    ##$aF127.7$v5
例 9： 200    1#$a 西部大开发新选择 $e 从政策倾斜到战略性产业结构布局
         606    0#$a 区域开发 $x 研究 $y 西北地区
         606    0#$a 区域开发 $x 研究 $y 西南地区
         690    ##$aF127.4$v5
         690    ##$aF127.7$v5
```

地方类主题词有：地方保护主义、地方病、地方病学、地方财政、县级财政、乡镇财政、地方法规、地方工会、地方工业、县级工业、地方工业经济、地方教育、地方金融、地方金融事业、地方经济、地方旅游业、地方贸易、地方农业经济、地方史、地方税收、地方税制、地方外贸、地方文化、地方文学史、地方戏、地方戏剧本、地方音乐、地方预算、地方政府、地方政治、地方志、地方自治、地方组织等。

6. 中国经济史及其断代史直接用主题词"中国经济史"与时间因素组配标引；

中国地方经济史以"地方经济—经济史"与位置因素和时间因素组配标引；部门经济史以相应的主题词（农业经济史；工业经济—经济史；地方农业经济—农业经济史；地方工业经济—经济史）与位置因素和时间因素组配标引。

例1：200　1#$a 中国古代经济史研究
　　　　606　0#$a 中国经济史 $x 研究 $z 古代
　　　　690　##$aF129.2$v5

例2：200　1#$a 海南经济史研究
　　　　606　0#$a 地方经济 $x 经济史 $x 研究 $y 海南
　　　　690　##$aF129（266）$v5

例3：200　1#$a 中国农业经济史论纲
　　　　606　0#$a 农业经济史 $x 概论 $y 中国 $z 古代
　　　　690　##$aF329.02$v5

例4：200　1#$a 中华人民共和国工业经济史 $e1949.10—1998
　　　　606　0#$a 工业经济 $x 经济史 $y 中国 $z1949—1998
　　　690　##$aF429.07$v5

例5：200　1#$a 东北农业经济史料集成 $h 三
　　　　606　0#$a 地方农业经济 $x 农业经济史 $y 东北地区 $j 史料
　　　　690　##$aF329.3$v5

例6：200　1#$a 咸阳市工业经济志
　　　606　0#$a 地方工业经济 $x 经济史 $y 咸阳
　　　690　##$aF429.413$v5

第 7 章 中文图书主题标引的发展史

国家图书馆从 1984 年开始采用《汉语主题词表》（试用本）标引中文图书，至今已有 30 多年。在此期间，随着计算机技术的应用、CNMARC 格式的推广，以及文献主题标引细则的变化，中文图书主题标引模式发生了几次重大的变革。下面结合 6 个有代表性的例子，简要介绍国家图书馆中文图书主题标引的发展历程，也基本代表了中国中文图书的主题标引历程。

7.1 第一阶段：1984 年至 1988 年 3 月，手工标引阶段

这一时期的国家图书馆中文图书主题标引，主要是为当时的统编铅印卡片目录提供主题款目，是完完全全的手工标引阶段。主题标引依据中华人民共和国国家标准《文献主题标引规则》（GB 3860—83）和以此为基础制定的《北京图书馆中文图书主题标引工作条例》，其核心内容是主题构成的因素及其序列可分为主体因素 A、通用因素 B、位置因素 C、时间因素 D、文献类型因素 E 等 5 种。上述 5 种主题因素中，主体因素是文献主题中必不可少的因素，是文献标引的重点，其他 4 种因素都是对主体因素起修饰限定作用的因素，是文献主题中的辅助因素，是标引的非重点。需要指出的是，不是每一文献主题中都含有这 4 种因素，究竟一个文献主题中含有几种主题因素，应就文献主题的具体分析而定。

当一个主题标题中的主体因素是由多个主题概念构成时，可能需要用多个主题词组配标引。根据主体因素的构成情况，可将其划分为对象因素 A1、方面因素 A2、方法因素 A3、结果因素 A4、条件因素 A5 等 5 个因素。上述 5 个因素中，

对象因素是中心因素，其他因素均为对中心因素起修饰作用的辅助因素，但都具有独立的检索意义，并可通过轮排分别成为主标题，其轮排公式为：A1 — A2 — A3 — A4 — A5，A2 — A1 — A3 — A4 — A5，A3 — A2 — A1 — A4 — A5，A4 — A2 — A3 — A1 — A5，A5 — A2 — A3 — A4 — A1，或 A1 — A2a：A2b — A3 — A4 — A5，A2a：A2b — A1 — A3 — A4 — A5，A2b：A2a — A1 — A3 — A4 — A5，A3 — A2a：A2b — A1 — A4 — A5，…，（A2a：A2b 为概念交叉组配，轮排时作为一个整体，见表 7-1 例 4）。但是其中的辅助主题词"应用""关系""对比研究""影响"等不能轮排为主标题，"应用"与前面的主题词作为一个整体参与轮排（见表 7-1 例 3），"关系""对比研究""影响"位置基本不变，轮排时"影响"应改为"影响因素"。这种手工标引模式一直沿用到 1988 年 3 月，是国家图书馆中文图书主题标引的起始阶段，下面是一些标引实例，如表 7-1 所示。

表 7-1 手工标引阶段

序号	题名	主题标引
例 1	经商要学胡雪岩	胡雪岩—商业经营—谋略 商业经营—胡雪岩—谋略 谋略—商业经营—胡雪岩
例 2	中共成都地方历史大事记：1990～2003	中国共产党—党史—大事记—成都市—1990～2003 党史—中国共产党—大事记—成都市—1990～2003
例 3	五行绝算彩票：周易预测甲申乙酉年双色球	周易—应用—彩票—研究 彩票—周易应用—研究
例 4	小企业财务管理	小型企业—企业管理：财务管理 企业管理：财务管理—小型企业 财务管理：企业管理—小型企业
例 5	夜的上海：中英文本	上海市—概况—摄影集
例 6	图说中国藏獒	犬，藏獒—饲养管理—教材

7.2 第二阶段：1988 年 4 月至 1991 年，手工标引向计算机标引过渡阶段

1988 年 4 月，国家图书馆开始采用 CNMARC 格式进行中文图书计算机编目。

从 1990 年起对外发行中文图书机读书目数据，并逐步取代了统编铅印卡片目录，开创了传统手工编目方式向计算机编目方式的转变。但是在 UNIMARC 基础上制定的 CNMARC 格式所提供的主题标引字段，是《美国国会图书馆标题表》采用的先组式标题格式，这与国家图书馆采用的后组式叙词法不同。因此，经过当时的中编部与 CNMARC 格式研制专家研究决定，采取了如下过渡方式：（1）无论是普通主题还是专有名词主题，其主体因素（不管是一个主题词还是几个主题词组配）均套入"606 普通主题字段"的"$a 款目要素"子字段；（2）当主体因素由几个主题词组成时，主题词间的组配符号保留；（3）手工标题的轮排方式保留，通过重复 606 字段实现。606 字段的两个指示符为空，其子字段序列可表示为：$a 主体因素（可以是多个主题词组配）$x 通用因素 $y 位置因素 $z 时间因素 $x 文献类型因素。这种机检标题通过软件设置，可以转换成与手工标题形式完全一致的卡片格式，基本上是将手工标题的项目机械地填入 CNMARC 格式中，并在主体因素中保留组配符号和轮排方式，可以理解为手工标题转变为机检标题的过渡阶段。这种中文图书主题标引格式一直沿用到 1991 年年底，具体的标引实例如表 7-2 所示。

表 7-2　手工标引向计算机标引的过渡阶段

序号	题名	主题标引
例 1	经商要学胡雪岩	606 ##$a 胡雪岩—商业经营—谋略 606 ##$a 商业经营—胡雪岩—谋略 606 ##$a 谋略—商业经营—胡雪岩
例 2	中共成都地方历史大事记：1990～2003	606 ##$a 中国共产党—党史 $x 大事记 $y 成都市 $z1990～2003 606 ##$a 党史—中国共产党 $x 大事记 $y 成都市 $z1990～2003
例 3	五行绝算彩票：周易预测甲申乙酉年双色球	606 ##$a 周易—应用—彩票 $x 研究 606 ##$a 彩票—周易—应用 $x 研究
例 4	小企业财务管理	606 ##$a 小型企业—企业管理：财务管理 606 ##$a 企业管理：财务管理—小型企业 606 ##$a 财务管理：企业管理—小型企业
例 5	夜的上海：中英文本	606 ##$a 上海市 $x 概况 $x 摄影集
例 6	图说中国藏獒	606 ##$a 犬，藏獒 $x 饲养管理 $x 教材

7.3 第三阶段：1992 年至 2000 年中，计算机标引初级阶段

无论是普通主题还是专有名词主题，其主体因素均套入"606 普通主题字段"的"$a 款目要素"子字段，是不符合 CNMARC 的格式规定。1992 年，由当时的国家图书馆 CNMARC 格式修订专家与中文编目专家共同研究决定：当主题字段"$a 子字段"后面的主题词是专有名词时，应遵循 CNMARC 格式的规定，选择相应的主题字段标引，其余的标引形式不变。相应的主题字段是指 600 个人名称主题字段、601 团体名称主题字段、605 题名主题字段、607 地理名称主题字段。此种标题格式在实际工作中一直沿用到 2000 年中，下面是一些标引实例，如表 7-3 所示。

表 7-3 计算机标引初级阶段

序号	题名	主题标引
例 1	经商要学胡雪岩	600 #0$a 胡雪岩—商业经营—谋略 606 ##$a 商业经营—胡雪岩—谋略 606 ##$a 谋略—商业经营—胡雪岩
例 2	中共成都地方历史大事记：1990～2003	601 02$a 中国共产党—党史 $x 大事记 $y 成都市 $z1990～2003 606 ##$a 党史—中国共产党 $x 大事记 $y 成都市 $z1990～2003
例 3	五行绝算彩票：周易预测甲申乙酉年双色球	605 ##$a 周易—应用—彩票 $x 研究 606 ##$a 彩票—周易—应用 $x 研究
例 4	小企业财务管理	606 ##$a 小型企业—企业管理：财务管理 606 ##$a 企业管理：财务管理—小型企业 606 ##$a 财务管理：企业管理—小型企业
例 5	夜的上海：中英文本	607 ##$a 上海市 $x 概况 $x 摄影集
例 6	图说中国藏獒	606 ##$a 犬，藏獒 $x 饲养管理 $x 教材

第三阶段的机检标题格式与第二阶段的机检标题格式一样，在转换成卡片格式时能与手工卡片目录的主题款目形式完全一致。它比第二阶段的机检标题格式更接近 CNMARC 标准，但是仍然存在下列问题：（1）突破了 CNMARC 标准。CNMARC 标准规定 600 字段至 607 字段的"$a 款目要素"子字段不可重复，并且只能是一个词或词组，而不能是多个主题词；CNMARC 格式规定主题词间的

组配符号只能是子字段符号,而不能是其他符号。(2)限定组配使用的组配符号"—"(短横)与主题词表中的某些复合词使用的连字符"—"相似,容易混淆,如"人—机系统"。(3)在绝大多数计算机编目软件已能够按主题标题中的子字段将每个主题词均抽入索引文档的情况下,仍然坚持人工轮排主体因素中的主题词是没有必要的,既浪费了人力,又浪费计算机空间。

这一时期的国家图书馆中文图书编目工作实现了由编目员填工作单、录入员单纯照单录入,到编目员直接在计算机上编目的重大转变,但还没有实现完全意义上的人机交互对话方式,尤其是在校对环节,仍处于凭工作单校对后由专门的录入员照单录入的状态,是一种工作单方式向人机交互对话方式(非工作单方式)转变的过渡时期。

1991年10月,《汉语主题词表(自然科学增订本)》出版,它是对1980年3月出版的《汉语主题词表(试用本)》第二卷(自然科学)的修订。1994年,《中分表》出版,它是在《中图法》第三版(包括《资料法》第三版)和《汉语主题词表》的基础上编制而成的对照索引式的综合性分类主题一体化检索语言。它的面世标志着情报检索语言的重大发展,提高了文献检索效率,降低了文献标引工作的难度,为实现分类主题一体化标引、机助标引、自动标引提供了条件。

7.4 第四阶段:2000年中至2014年,计算机标引发展阶段

1995年,国家图书馆与上海图书馆、中山图书馆、深圳图书馆共同承担了国家级重点项目《中国国家回溯书目数据库》,并为此在中文图书编目部成立了中文回溯书目数据组,具体落实中文回溯书目数据的工作。由于各馆对CN-MARC格式的理解不同,导致回溯书目数据加工产生差异,影响了数据的一致性。因此,制定一个统一的易于操作的CNMARC实施细则,就成了亟待解决的问题。1995年国家图书馆中编部成立了业务研究小组,1996年至1998年多次开会针对各馆回溯书目数据加工中存在的分歧进行探讨,并对提出的5种主题标引格式进行了比较,最后于1998年4月和11月在国家图书馆召开的全国中文编目工作研

讨会上经过全国编目专家共同研讨,确定了新的主题标引格式,并编写了非正式出版物《中文普通图书编目手册》。

这种新的主题标引格式遵循 CNMARC 标准,核心就是采用"$x"取代主体因素中的":"和"—"组配符号,其优点有:(1)没有突破 CNMARC 标准;(2)符合叙词法的基本原则,即用概念组配的方式组成一个先组式标题来表达一个专指主题;(3)解决了组配符号"—"与某些复合主题词中的连字符相混淆的问题;(4)取消了轮排,减少了事务性劳动,也节省了计算机存储空间;(5)没有丢失任何主题检索信息。下面列举一些标引实例,如表 7-4 所示。

表 7-4　计算机标引发展阶段(1)

序号	题名	主题标引
例 1	经商要学胡雪岩	600 #0$a 胡雪岩 $f(1823～1885)$x 商业经营 $x 谋略
例 2	中共成都地方历史大事记:1990～2003	601 02$a 中国共产党 $x 党史 $x 大事记 $y 成都市 $z1990～2003
例 3	五行绝算彩票:周易预测甲申乙酉年双色球	605 ##$a 周易 $x 应用 $x 彩票 $x 研究
例 4	小企业财务管理	606 0#$a 小型企业 $x 企业管理 $x 财务管理
例 5	夜的上海:中英文本	607 ##$a 上海市 $x 概况 $x 摄影集
例 6	图说中国藏獒	606 0#$a 犬,藏獒 $x 饲养管理 $x 教材 610 0#$a 藏獒

但是这种新的主题标引格式也存在一些问题:(1)"$x"不仅被主体因素中除选用了"$a"子字段符号的主题词以外的其余主题词使用,还被通用因素、文献类型因素主题词采用,如此"$x"就成为了多义子字段符号;(2)在转换成卡片格式时,每组标题只能提供一条基本主题款目,也只有一种组配符号"—",交叉组配符号":"被"—"代替,如果用户需要其他卡片主题款目,就必须进行人工干预。

在 1998 年召开的两次全国中文编目工作研讨会上,对于新的主题标引格式是否应该具备生成手工主题款目的功能问题进行了专题讨论。与会专家普遍认为,现在国内实际上没有一家图书馆排主题卡片目录，国家图书馆也因人力、物力困扰，从1995年起停止排读者主题卡片目录；国家图书馆中文书目数据的制作也从1995年起彻底摆脱了手工翻检卡片目录，进入到直接在计算机上查重、检索、著录、标引的工作状态。中文主题标引格式应该跟上这一时代的变化。

上述主题标引格式于1998年被确定后，由于国家图书馆的某些原因一直没有得到落实，但是却在全国其他图书馆逐步得到推广。2000年3月，国家图书馆采编部对中文图书编目工作流程进行了一些调整，并于6月确定了新的主题标引格式，其核心内容如下：（1）基本保留1998年全国中文编目工作研讨会确定的主题标引方式，作为新的主题标引格式的先组式标题，但文献类型因素用$j子字段表示；（2）主体因素中所有有检索意义的主题词（原来通过轮排可以成为主标题的主题词）均单独作为标引词重复6--字段表示，并可在$a子字段前加上$2、$3子字段。$2子字段表示所使用的主题词表代码，《中国分类主题词表》的代码为CCT，《汉语主题词表》的代码为CT，$3子字段表示主题规范记录控制号，例如，6060#$2CCT$3S065030$a商业经营；（3）所有子字段中的词必须是正式主题词，但$z子字段中的公元纪年除外；（4）取消说明语及其组配符号",
"逗号，原说明语可以关键词形式著录在610非控主题词字段。下面列举一些标引实例，如表7-5所示。

表7-5 计算机标引发展阶段（2）

序号	题名	主题标引
例1	经商要学胡雪岩	600 #0$a 胡雪岩 $f（1823～1885）$x 商业经营 $x 谋略 600 #0$a 胡雪岩 $f（1823～1885） 606 0#$a 商业经营 606 0#$a 谋略
例2	中共成都地方历史大事记：1990～2003	601 02$a 中国共产党 $x 党史 $x 大事记 $y 成都市 $z1990～2003 601 02$a 中国共产党 606 0#$a 党史

续表

序号	题名	主题标引
例 3	五行绝算彩票：周易预测甲申乙酉年双色球	605 ##$a 周易 $x 应用 $x 彩票 $x 研究 605 ##$a 周易 606 0#$a 彩票
例 4	小企业财务管理	606 0#$a 小型企业 $x 企业管理 $x 财务管理 606 0#$a 小型企业 606 0#$a 企业管理 606 0#$a 财务管理
例 5	夜的上海：中英文本	607 ##$a 上海市 $x 概况 $j 摄影集 607 ##$a 上海市
例 6	图说中国藏獒	606 0#$a 犬 $x 饲养管理 $j 教材 606 0#$a 犬 610 0#$a 藏獒

上述第（1）点、第（3）点和第（4）点已逐步得到全国图书馆界的认可，并得到广泛推广。第（2）点只是为了主题规范控制，因为当时的 ALEPH 系统只能控制整个字段标题（主题词串），并不能控制每个子字段中的主题词。所有子字段中的词必须是正式主题词和取消说明语，同样也是为了后期的规范控制，因为必须保证所有子字段中主题词和主题规范库中主题词完全一致。

2005 年 9 月《中分表》第二版和电子版出版，它以《中国分类主题词表》第一版编制规则和"主题词机读规范数据库""《中图法》第四版机读数据库"为基础，以满足电子版功能为主，兼顾手工印刷版需求的分类与主题、标引与检索一体化的实用工具。《中分表》第二版和电子版的出版，是我国情报检索语言发展史上新的里程碑，必将推动我国中文文献标引工作达到一个新的高峰。

7.5 第五阶段：2015 年至今，计算机标引新阶段

国家图书馆的主题规范库是基于《中分表》建立的，《中分表》是叙词表，即主题规范库中的主题词都是由单个叙词构成的。国家图书馆中文图书主题标引是先组式标引，即选用主题规范库中的单个主题词组成主题词串或称标题。以往的 ALEPH 系统主题规范控制模式只能控制整个字段中的主题词串，而不能对字

段中每个子字段中的主题词进行控制。为了达到更好的规范控制目的，之前（第四阶段）采用的方法是将先组主题词串中有检索意义的主题词由人工重复字段著录（上述第（2）点），从而达到规范控制的目的，而没有单独著录的词并不能实现规范控制。如此，并未达到完全意义上的规范控制。同时，由于主题词串中的相同主题词并未控制，有可能造成一条书目数据中的主题词不一致。

为了解决国家图书馆主题规范控制存在的问题，克服多年来有规范数据却不能规范控制，真正实现书目主题数据的规范控制和同步更新，国家图书馆中文采编部2012年开始调研并提出了解决方案。经过和信息技术部、Aleph系统工作人员两年多的合作，开发出了全新的Aleph系统主题规范控制模式。国家图书馆于2015年启用该模式，真正实现了书目主题的规范控制，实现了书目主题数据和规范库数据的自动动态同步更新。

中文图书主题标引仍然采用原有标引模式，但是主体因素中所有有检索意义的主题词不用再单独作为标引词重复6--字段表示，也即取消了第四阶段的第（2）点，使国家图书馆中文图书主题标引与全国保持一致。Aleph系统增加了单个主题词规范控制功能，实现了对主题字段中各子字段主题词的规范控制和自动更新。系统根据编目员著录的6--字段主题词串，自动抽取词串中每个独立子字段中的主题词并建立索引，自定义一个字段来存放每个主题词索引，但是这个索引字段并不存储在书目数据中，而是单独存储在后台，在书目数据中是看不见的。

除了$z对应的时间因素主题词外，随着书目库主题标引词串的生成或修改，系统会实时自动生成词串中每个独立子字段中的单个主题词索引，并在生成索引各要素的过程中，提示人工修改主题标引词串中存在的不匹配错误。系统会将索引词和规范库中的主题词进行匹配，包括主题词形式、类型及字段、子字段的匹配，如果主题词使用了错误的字段、子字段或指示符，系统会根据索引匹配结果自动进行修改；如果写入了入口词，系统会自动转换为入口词对应的正式主题词；如果写入了非规范词，系统会提示，记录也无法保存。

除了$z对应的时间因素主题词外，其他所有标引主题词都必须包含在主题规范库中，这样就有效地杜绝了非规范词的写入，提高了书目数据主题标引的准确性和一致性，也为主题规范库对书目数据中每个子字段主题词的同步控制和更新奠定了基础。随着规范库主题词的修改，系统首先自动更新该词对应的书目主题词索引，再通过索引反馈到书目库主题标引词串中，进而更新词串中的主题词及字段或子字段。新的主题规范控制模式，实现了规范库对书目库的规范控制，实现了书目主题数据和规范库数据的自动动态同步更新，使国家图书馆的主题规范控制工作上了一个新的台阶。下面列举一些标引实例，如表 7-6 所示。

表 7-6　计算机标引新阶段

序号	题名	主题标引
例 1	经商要学胡雪岩	600 #0$a 胡雪岩 $f（1823—188）$x 商业经营 $x 谋略
例 2	中共成都地方历史大事记：1990～2003	601 02$a 中国共产党 $x 党史 $x 大事记 $y 成都市 $z1990—2003
例 3	五行绝算彩票：周易预测甲申乙酉年双色球	605 ##$a 周易 $x 应用 $x 彩票 $x 研究
例 4	小企业财务管理	606 0#$a 小型企业 $x 企业管理 $x 财务管理
例 5	夜的上海：中英文本	607 ##$a 上海市 $x 概况 $j 摄影集
例 6	图说中国藏獒	606 0#$a 犬 $x 饲养管理 $j 教材 610 0#$a 藏獒

国家图书馆 ALEPH 系统实现的叙词表主题规范控制模式，开创了主题规范控制工作的先河，是我国主题规范控制模式的重要转折点，对世界范围内使用叙词表进行主题规范控制有重要的示范作用和参考意义。

附　　录

附录 I　《中图法》第五版的若干修改

《中图法》是以科学分类和知识分类为基础，并结合文献内容特点及其某些外表特征进行逻辑划分和系统排列的类目表。它是类分文献、组织文献分类排架、编制分类检索系统的工具。《中图法》第四版于 1999 年 3 月出版，为了保持《中图法》旺盛的生命力，使《中图法》的文献分类体系与学科发展、知识发展体系保持同步，2005 年 6 月国家图书馆在上海召开了《中图法》第七届编委会成立暨工作会议，制定了《中图法》第四版的修订计划，并于 2010 年 9 月出版第五版。

《中图法》第五版新增类目 1631 个，停用与删除类目约 2500 多个，修改类目包括改类名、注释、类级关系等 5200 多个。《中图法》第五版还增加了复分标记、"一般性问题"禁用标记，扩大了通用复分表区分符号的使用范围。

1. 增加复分标记。

当一组类目或多组类目需要复分时，以前各版次的《中图法》只用一个说明性类目注释来规定，而具体需要复分的类目不再一一注释说明。第五版为增强类目复分助记性，降低了复分难度，对这些类下无直接复分注释而又需复分的类目的类名后增加了相应标记，标记符分别为①②③④⑤⑥⑦⑧⑨，与《中国分类主题词表》主题词对应类号的复分标记一致。⑨为专类复分表复分或类目仿分，①至⑧为 8 个通用复分表，具体如下：①总论复分表，②世界地区表，③中国地区表，④国际时代表，⑤中国时代表，⑥世界种族与民族表，⑦中国民族表，⑧通用时间、地点和环境、人员表。

例如：②为世界地区表，表示可依世界地区表分。

J23　　各国绘画作品

　　J231/239　各种绘画作品

　　　　以下如需按作者的国家区分时，可依世界地区表分，并用（　）加以标识。

J231　　作品综合集②

J233　　油画②

J234　　素描、速写②

J239　　其他绘画②

J231/239 类名后的②表示：可依世界地区表分，并用（　）加以标识。例如，英国油画集分类号为 J233（561）。

例如：③为中国地区表，表示可依中国地区表分。

N2　　自然科学机构、团体、会议

　　N23/29　各种自然科学机构、团体、会议

　　　　依世界地区表分，中国再依中国地区表分。

N23　　社会团体②③

N24　　研究机构②③

N28　　展览会、展览馆、博物馆②③

N29　　企业、生产单位②③

N23/29 类名后的②③表示：依世界地区表分，中国的再依中国地区表分。复分号直接加在主表分类号之后即可，不用（　）加以标识，例如，南京市社会

团体分类号为 N232.531。

例如：⑤为中国时代表，表示可依中国时代表分。

K81　传记

K811　世界人物传记

K815　人物总传：按学科分

　　　　仿 K825.1/828 分。

K82　中国人物传记

K825　人物传记：按学科分

K825.1/828　（特殊分类规定）

　　　　如有必要，可依中国时代表分，并用"="加以标识。

K825.1　哲学、社会科学⑤

K825.6　文学⑤

K826.2　医学、卫生⑤

K827　社会政治人物⑤

K828　社会各界人物⑤

K828.7　民族人物⑤

　　　依中国民族表分。

K833/837　各国人物传记

　　　依世界地区表分，再仿 K82 分。

K825.1/828 类名后的⑤表示：如有必要，可依中国时代表分，并用"="加以标识。例如，中国清代医学家传分类号为 K826.2=49。

K815 世界人物总传（按学科分）仿 K825.1/828 分，K825.1/828 可依中国时代表分。根据类目仿分规定，凡"各国"仿"中国"分的类目，如同时涉及时代复分，应将"依中国时代表分"自行转换为"依国际时代表分"。因此，世界近代文学家传记分类号为 K815.6=4；世界现代医学家传记分类号为 K816.2=5。

K833/837 各国人物传记依世界地区表分，再仿 K82 分。例如，英国近代医学家传记分类号为 K835.616.2=4；法国现代政治家传记分类号为 K835.657=5；"K828.7 民族人物"依中国民族表分。同样的类目仿分规定：凡"各国"仿"中国"分的类目，如同时涉及民族复分，应将"依中国民族表分"自行转换为"依世界种族与民族表分"。因此，美国犹太人传记分类号为 K837.128.738.2。

标记符⑨表示可依专类复分表复分或类目仿分。

专类复分表是编列于主表有关类中或通用复分表类中，专供特定类目细分使用的复分表。专类复分表的标记符号采用单纯的阿拉伯数字，N/X 各类的专类复分号前一律冠有"0"。专类复分表两侧以竖线括之以示醒目。专类复分表只限在类目注释规定的类目范围内使用，专类复分号只能依附于主类号，不能单独使用，使用时将专类复分号按有关类目注释说明加在主类号之后。

例：

J83 各国戏剧、杂技艺术

| J832/838 各种戏剧艺术
| 　　均可依下表分，如有必要依创作者国家区分时，可再依
| 　　世界地区表分，并用（ ）加以标识。
| 1 导演艺术
| 2 表演艺术
| 3 舞台美术和技术
| 5 化装和服装

J832 歌剧艺术、音乐剧艺术⑨②

J834 话剧艺术⑨②

J838　　杂技艺术⑨②

J832/838 类名后的⑨②表示：依专类复分表复分，如果有必要依创作者国家区分，可再依世界地区表分，并用"（ ）"加以标识。例如，意大利歌剧导演艺术分类号为 J832.1（546）。

利用相临或相关类目的子目，作为有关类目复分依据的组配编号法，称为仿分。类目仿分与依专类复分表复分，都可以使主类号达到相同组配细分的效果。类目之间的仿分更具有灵活性，也可以增强主类号细分的层次。类目仿分有两种类型，即临近类目仿分和仿总论性类目分。

临近类目仿分是指当一组相邻的类目以相同的分类标准展开时，一般将在前的一个类目详细展开，后面的类目不再展开列举，而是分别仿照前面已展开的子目细分。临近类目仿分可以大大缩减类表的篇幅，并且都是规定在特定的类目下进行的。

例：

H3　　常用外国语

H31　　英语

H314　　语法

H315　　写作、修辞

H319　　英语教学

H319.9　　会话

H32/37　　各种常用外国语

　　　　均可仿 H31 分。

H32　　法语⑨

H33　　德语⑨

H34　　西班牙语⑨

H35　　俄语⑨

H36　　日语⑨

H37　　阿拉伯语⑨

H32/37 类名后的⑨表示：均可仿 H31 分。H3 的七个下位类 H31/37 都以相同的分类标准展开，为了缩减类表的篇幅，只将 H31 详细展开，H32/37 不再展开列举，而是分别仿照 H31 已展开的子目细分。例如，法语语法分类号为 H324；日语口语分类号为 H369.9。

《中图法》类目编列的基本模式是将一个类区分为两大部分，前面编列总论性类目，按事物或问题的方面横向展开；后面编列专论性类目，按事物或问题的类型纵向展开。这两部分的分类标准是不同的。表达事物或问题的专论性类目，仿照总论性类目细分，就称为仿总论性类目分。其特点是仿分与被仿分类目具有不同的性质，某类目所仿分的一组子目，与该类目拟细分的分类标准是不同的。仿总论性类目分，通常都是在一组类目范围内进行的。仿总论性类目分，又分为专论仿总论（通论）分、具体问题仿"一般性问题"分两种类型。

专论仿总论（通论）分，见下例：

F40　　　工业经济理论

F401　　工业经济结构与体制

F406　　工业企业组织与经营管理

F407　　工业部门经济

　　F407.1/.9　各工业部门经济

　　　　　　如有必要，可仿 F401/406 分。

F407.1　　地质、矿业⑨

F407.8　　轻工业、手工业⑨

F407.9　　建筑、水利工程⑨

F407.91　　建材工业⑨

F401/406 是总论性类目，按工业经济理论的方面横向展开；F407.1/.9 各工业部门经济是专论性类目，按工业部门经济的类型纵向展开，并且可以仿总论（通论）分。F407.1/.9 类名后的⑨表示：如有必要，可仿 F401/406 分。例如，建筑企业管理分类号为 F407.906。

具体问题仿"一般性问题"分，见下例：

F76　　商品学

F760　　　一般性问题 ⊗

F760.1　　　　商品目录

F760.2　　　　商品分类

F760.6　　　　商品检验

F762/769　各种商品

　　　　　可仿 F760 分。

F762　　　农产品⑨

F762.1　　　粮食⑨

F769　　　其他产品⑨

F760 的下位类是总论性类目，按商品的方面横向展开；F762/769 各种商品是专论性类目（具体问题），按商品的类型纵向展开，并且可以仿"一般性问题"分。F762/769 类名后的⑨表示：可仿 F760 分。例如，农产品商品目录分类号为 F762.01；粮食商品检验分类号为 F762.106。

资料分类时的类目仿分，见下例：

S858　　各种家畜、家禽、野生动物的疾病

S858.2/.9　　各种家畜、家禽的疾病

　　　　　　资料分类时，可仿 S851/857.7（S851.34 除外）分。

S858.2　　　家畜 + ⑨

S858.21　　 马 + ⑨

S858.3　　　家禽 + ⑨

S858.9　　　野生动物疾病 + ⑨

S858.2/.9 类名后的 + ⑨表示：资料分类时，可仿 S851/857.7（S851.34 除外）分。例如，马的皮肤病分类号为 S858.217.5。图书分类时不用仿分。

2. "一般性问题"禁用标记。

对专类下一组具有总论性和通用复分性的问题，《中图法》通常设置"一般性问题"类加以概括，因此，规定"一般性问题"类只起仿分概括说明的作用，不用于类分文献，其主题归入"一般性问题"类的直接上位类。《中图法》第五版对"一般性问题"类，在其类名后增加了禁用类分文献的标记，标记符为 ⊗。

例：

TH7　　仪器、仪表

TH70　　　一般性问题 ⊗

TH701　　　理论

TH702　　　设计、计算与制图

TH708　　　仪表厂

有关总论仪器、仪表制造与使用的文献入 TH7，不入 TH70；上文中有关商品学的文献入 F76，不入 F760。TH70 与 F760 类名后均有"一般性问题"禁用标记 ⊗，以便提示分类标引人员，避免误标引并造成与其上位类分类不一致的问题。

3. 通用复分表区分符号。

《中图法》的通用复分表（世界地区表、中国地区表、国际时代表、中国时代表、世界种族与民族表、中国民族表）的使用要点都有这样一个规定：主表、

专类复分表、总论复分表中的类目，凡注明"依通用复分表分"者，均可使用本表复分，将有关复分号码加在主类号之后即可；主表中的某些类目，如果未注明"依通用复分表分"，且需要据本表复分时，必须使用通用复分表区分符号。

世界地区表、中国地区表的区分符号是单字节的圆括号"（ ）"，但是中国地区表子目号前必须先加上中国代号"2"，比如：上海是（251），江苏是（253）。国际时代表、中国时代表的区分符号是单字节的等号"="，其中，凡具有中国属性的类目（不是指文献主题是否具有中国属性）直接使用中国时代表复分，例如，中国明代政治家传记分类号为 K827=48；凡不具有中国属性的类目需以中国时代表复分的，须先加中国地区区分符号"（2）"，再用"="连接中国时代号，例如，中华人民共和国成立后的图书分类法分类号为 G254.12（2）=7；其他类目均使用国际时代表复分。世界种族与民族表、中国民族表的区分符号是单字节的双引号"" ""，但是在中国民族表子目号前必须加上中国民族代号"2"（不管主表类目是否具有中国属性），例如，苗族工艺美术图案集分类号为 J522.8"216"。

《中图法》第三版之前，主表中的某些类目注明"依通用复分表分"，且又必须用通用复分表区分符号的情况比较少见；第四版主要集中在 K81、J23、J33、J43、J53、J65、J73、J83 等类目；第五版有逐步扩大的趋势。《中图法》第五版对地区、时代、民族复分区分符号明确了新的使用方法，在主表需连续使用附表复分的类目，一般都注释出要求使用复分区分符号，以避免连续复分的类由于跨越分类标准引起加零的问题。

"B825.1 个人修养格言"有类目注释：依世界地区表分，如有必要，中国可依中国时代表分，并用时代区分符号"="加以标识。世界地区表的复分号"2 中国"有类目注释：如有必要，可再依中国地区表分。为了避免连续复分可能产生的加零困惑，明确规定必须使用时代区分符号，例如，中国宋代个人修养格言汇编分类号为 B825.12=44。

"F129 中国经济史"有类目注释：依中国时代表分，如有必要，可再依中国地区表分，并用地区区分符号（ ）加以标识。中国时代表的子目号有上下位类关系，为了避免连续复分可能产生上位类加零问题，明确规定必须使用地区区分符号，例如，湖南民国经济史分类号为 F129.6（264），温州经济史分类号为 F129（255.3）。"F729 贸易史"的复分情况与此相同。

"TS971.2 饮食文化"有类目注释：依世界地区表分，中国再依中国民族表分，均以地区区分符号（ ）、民族区分符号" "加以标识。为了避免连续复分可能产生的加零问题，明确规定必须使用地区区分符号、民族区分符号，例如，中国人的饮食文化分类号为 TS971.2（2），宁夏回族饮食文化分类号为 TS971.2（243）"213"。

4. 结语。

《中图法》第五版增加的复分标记只能起到对分类标引人员的提示作用，详细内容应该以类表中的类目注释为准。例如，②表示可依世界地区表分，但是正如上文所述，世界地区表复分号是否需要用（ ）加以标识，按特定的类目注释要求执行；⑨表示可依专类复分表复分或类目仿分，具体是按专类复分表复分，还是按类目仿分；类目仿分是临近类目仿分，还是仿总论性类目分；仿总论性类目分是专论仿总论（通论）分，还是具体问题仿"一般性问题"分，同样应该参考相关的类目注释。

附录 Ⅱ 汉语叙词表主题标引的瓶颈与发展方向

叙词表又称主题词表，是将文献作者、标引者和检索者使用的自然语言转换成规范化的叙词型主题检索语言的术语控制工具。它是一种概括某一学科领域，以规范化的、受控的、动态性的叙词（主题词）为基本成分和以参照系统显示词间关系，用于标引、存储和检索文献的词典。叙词表可以分为综合性和专业性两类，中国最早最有影响的综合性叙词表是 1980 年出版的《汉语主题词表（试用本）》。

1. 汉语叙词表主题标引的基本原理。

叙词表是以叙词作为文献检索标识和查找依据的一种检索语言。叙词是一些以概念为基础的、经过规范化的、具有组配功能并可以显示词间关系的词或词组。

叙词语言吸取了多种情报检索语言的原理和方法，它保留了单元词法组配的基本原理，但不是字面组配，而是沿用了组配分类法的概念组配。概念组配是叙词表主题标引的基本原理。

概念组配与字面组配形式上有时相同、有时不同。但从性质上看，两者差别很大。概念组配是建立在概念逻辑关系基础上的，以概念的分析与综合为手段，以揭示概念的本质为目标，利用叙词表中已有的若干概念，组合起来表达一个新的专指概念的方法。字面组配是建立在概念字面分拆和字面拼接基础上的，注重表面词形的一致，而不强调概念内涵和逻辑关系的构词方法，字面组配的结果往往不能确切表达主题的涵义。例如，主题"汽车维修"，无论是字面组配还是概念组配，其结果都是"汽车—维修"；主题"道教石刻"，字面组配是"道教—石刻"，概念组配是"道教—宗教石刻"，因为道教石刻是宗教石刻的一种。主题词组配应当是概念组配，避免简单的字面组配，参加组配的主题词之间必须具有一定的逻辑关系，如概念交叉关系、概念限定关系和概念联结关系。

2. 汉语叙词表主题标引的瓶颈。

汉语叙词表以单词型叙词为主，适当选用少量词组型叙词（先组词）提高专指度，词组型叙词的选择有严格的规定。根据国家标准《汉语叙词表编制规则》GB 13190–91 中"4.4 词组型叙词的选定"的规定，下列概念选用词组型叙词表达：①凡属通用的专称、术语，其专指检索作用很强，可选用词组，例如，经济危机、环境保护；②凡复合的概念，若经概念分解后，其中的单词失去检索意义，则须选用词组，例如，剩余价值、阵风响应；③凡复合的概念，若经概念分解后，其中的单词涵义不同，并可能产生贰意现象时，亦须选用词组，例如，雪崩二极管、燃料电池。但是，如果在文献主题标引中遇到符合上述国家标准规定的词组型关键词，具有逻辑关系的叙词概念组配是做不到的，相反很容易出现字面组配。例如，男性心理学、社区护理学、网络广告、混合动力船、肉用鹅、燃气空调、家族企业、福利彩票等词组型关键词。

男性心理学研究的主要内容是男性心理的发育及变态性心理与性行为的心理分析，属于发展心理学的一个分支。如果将"男性心理学"组配标引为"男性—

心理学",是字面组配,因为主题词"男性"与"心理学"之间不存在概念逻辑关系。同样的道理,下列组配也是字面组配:"社区—护理学""互联网络—广告""肉用型—鹅""气体燃料—集中式空气调节器""家族—私营企业"。由于上述字面组配具有一定的可读性与检索意义,在《中分表》与主题标引中时有发生。汉语叙词表中有:女性心理学、社区文化、商业广告、肉用鸭、燃气热水器、家庭企业等类似词组型叙词,说明上述词组型关键词符合词组型叙词选定标准。

3. 汉语叙词表主题标引的问题。

国家图书馆中文图书主题标引工作始于1984年,依据的主题词表依次如下:《汉语主题词表(试用本)》(1980年版)、《汉语主题词表(自然科学增订本)》(1991年版)、《中国分类主题词表》(1994年版,简称《中分表》第一版)、《中国分类主题词表》第二版(2005年版,简称《中分表》第二版)。《中分表》第一版是在《中图法》第三版(包括《资料法》第三版)和《汉语主题词表(试用本)》的基础上编制而成的,对照索引式的综合性分类主题一体化检索语言,由于时间差的原因,并没有依据《汉语主题词表(自然科学增订本)》,两者之间存在差异。《中分表》第二版是以《中分表》第一版编制规则和"主题词机读规范数据库""《中图法》第四版机读数据库"为基础的分类与主题、标引与检索一体化的实用工具。

1980年的《汉语主题词表》试用本是由中国科学技术情报研究所与北京图书馆共同主编完成的,它为中文图书主题标引工作的开展发挥了重要作用。但是其后的《汉语主题词表(自然科学增订本)》与《中分表》第一版是由不同的单位分别完成的,前者是中国科学技术情报研究所,后者是《中图法》编委会,由于主编单位不同,差异不可避免。《中分表》第二版对第一版进行了修订,放宽了词组型叙词选定标准,改变了一些主题词词性与用代关系,对中文图书主题标引模式产生了深远影响。

根据国家标准GB13190—91《汉语叙词表编制规则》中"4.4 词组型叙词的选定"的规定,下列概念一般不得用词组型叙词表达:①由两个或两个以上具有交叉关系的简单概念综合形成的复合概念，例如，输配电架空线路；②由事物与事物方面所构成的概念，例如，道路工程施工、高架桥设计；③由整体及其部分所构成的概念，例如，发动机曲轴；④由事物与国家、地区、时代、人名所构成的概念，例如，日本电子工业；⑤由学科术语与出版物类型所构成的概念，例如，冶金工业词典。但是，《中分表》第二版主题词修订原则规定：词组型的关键词，如果其使用频率高于20次，对上述国家标准的规定可放宽执行，收选为主题词。《中分表》第二版根据上述原则新增的主题词并不都是通用的专称、术语，很多符合上述要求的词组型关键词并没有被选为主题词（比如：企业财务管理、微型计算机维修、汽车发动机、中国法律、汉语词典），增加了道路施工、桥梁设计、经济概况、国画技法、中国文学、诗集等先组词。

在《中分表》第二版中，①"F1 世界各国经济概况、经济史、经济地理"对应的主题词串是"经济概况\世界、经济史\世界、经济地理\世界"，而"F112 世界经济概况"对应的主题词串是"世界经济\经济概况"，"F119 世界经济史"对应的主题词串是"世界经济\经济史"；②"F123.16 宏观经济管理"对应的主题词串是"中国经济\宏观经济管理"，而"F125.4 对外经济合作"对应的主题词串是"对外经济合作\中国"；③"K103 文化史"对应的主题词串是"世界史\文化史"，而"K203 文化史"对应的主题词串是"文化史\中国"。如上所述，《中分表》第二版在"世界经济、中国经济、世界史、中国历史"等含有地区概念先组词的选用上相当混乱，毫无规律可循。

或许可以从理论上对含有地区概念先组词的标引进行约定，规定如下："如果文献研究的对象是先组词（属概念）本身可直接选为标引词；如果文献研究的对象是先组词的种概念，则选用种概念对应的主题词与位置因素组配标引。但是如何在实践中正确区分属概念与种概念，并不是一件容易的事。例如，中国古代文学、中国妇女文学、中国经济发展战略、中国宏观经济调控等，是属概念还是种概念？

1984年，国图开展中文图书主题标引时所依据的《汉语主题词表》并没有组配标题可参考，经过10年的工作实践与总结，按照叙词标引的原理与规则，逐步形成了一些常见的标题模式。1994年出版的《中分表》第一版为了与《中图法》第三版中的复杂主题相对照，开始出现一些组配标题，这些主题标题与国图中文图书主题标引模式未必完全相同。1995年，国图实施《中分表》第一版时，对与《汉语主题词表（自然科学增订本）》有分歧的问题，基本上还是以后者为准，并没有彻底贯彻《中分表》第一版。2005年出版的《中分表》第二版放宽了词组型叙词选定标准，增加了一些常用的先组词，改变了一些主题词词性与用代关系。在中国机读目录格式（CNMARC）中，中文图书主题标引著录的主题标目字段并不能充分表达汉语主题词表的变化，不同历史阶段的主题标题不加区分地混合在一起，亟待统一，但是修改大量旧数据并不是一件容易的事。

从机构建制上来说，国图的中文图书主题标引工作与《中分表》的编制一直是由两个不同部门负责的。汉语叙词表不同于纯粹的叙词语言理论研究，它是指导中文主题标引工作的工具书，是成熟理论的应用，与标引实践紧密联系是其充满生命力的重要因素。标引员在工作中经常可以发现《中分表》中的错误，主题词的补充信息，以及新主题、新事物、新概念，这些信息应该得到及时反映。理论是实践工作的指导，实践促进理论工作的提高，两者密切结合应该会获得双赢的局面。

4. 汉语叙词表的发展方向。

《中分表》中的主题词与分类号之间的对应关系是基于类目涵义的一体化对应方式，并不是基于文献标引的一体化对应方式。这种完全基于理论分析的对应方式，虽然对文献标引提供了极大的便利与指导，但是也存在主题标引的针对性与实用性不足等缺点，在某些方面甚至存在误区、不一致与自相矛盾等问题，完全照搬是不行的，而且也不能解决主题标引中的所有问题。为了解决《中分表》主题标引的瓶颈与问题，网络版的《中分表》是一个最佳选择，也是当今网络环境下与时俱进的一个重要表现。

《中分表》第二版与《中图法》第四版有印刷版和电子版两种版本，但是电子版不是网络版。现在国际上知名的检索语言工具，例如，杜威十进分类法、美国国会图书馆标题表与分类法、国际十进分类法等都有网络版本，中国的《中分表》与《中图法》却还保持着大约 10 年一版的更新速度，难以满足时代发展的要求。电子版基本上可以理解为印刷版的电子化，虽然可以利用计算机技术增加一些印刷版没有的超链接功能，提供更加快速、便捷的检索功能，但是与印刷版没用本质上的区别。网络版与印刷版有着本质区别：首先，从理念上分析，印刷版是保守、封闭的，从某种程度上来说，它是很少一部分人编制出来强迫很多人使用的工具书；而网络版是开放的，在某种意义上它将编制者与使用者放在一个对等平台上，加大了使用者的发言权，拉近了相互之间的距离。其次，网络版可以实时更新与维护，可以对用户反映的问题及时反馈，提高网络版的适用性，这是印刷版不可能做到的。

随着现代科学技术的飞跃发展，即使有一天《中分表》有了网络版，也不可能完全满足文献主题标引的所有要求，但是毕竟向前跨了一大步；大多数新主题、新事物、新概念不可能在第一次出现时就得到增词标引，但是毕竟打开了《中分表》编制者与用户之间的大门，加深了二者之间的联系，活跃了学术气氛，为《中分表》注入了新的活力。在手工编目时代，不同部门之间的合作要想达到及时、快捷是不容易的，但是在互联网络时代应该是一件很容易的事，关键还是观念与管理机制。当然，网络版的《中分表》对工作人员提出了更高的要求，是一个新的挑战。从事《中分表》网络版更新与维护的工作人员，除了具有扎实的理论基础之外，还应有多年标引实践工作的经验，否则难以胜任本职工作。

附录Ⅲ 《中图法》在联合编目环境下的适应性

文献编目是指按照特定的规则和方法，对文献进行著录，制成款目，并通过字顺和分类等途径组织成目录或其他类似检索工具的活动过程。其主要作用是记录某一空间、时间、学科或主题范围的文献，使之有序化，从而达到宣传报道和检索利用文献的目的。按照文献编目手段可分为传统的手工编目和计算机编目。手工编目生产出书本式及卡片式目录。20 世纪 60 年代以后，随着计算机技术在编目工作中的应用，文献编目开始进入一个崭新的变革时期，即计算机编目阶段。

1988年4月，国家图书馆开始采用（CNMARC）格式进行中文图书的计算机编目，自1990年起对外发行中文图书机读书目数据，并逐步取代了统编铅印卡片目录，开创了中国中文图书计算机编目的新时代。计算机编目的标志是机读目录（MARC），生产出的产品是书目数据库。由于编目环境的变化，对《中图法》的应用与发展产生了影响。

1.联机编目对《中图法》提出的新挑战。

集中编目，也称统一编目，是由一个编目中心向众多图书馆提供编目成果服务的社会事业。集中编目时代也是传统手工编目时代、卡片目录时代。在传统手工编目时代，虽然也有集中编目，但是集中编目提供的是铅印卡片目录。由于时效性等原因，各文献情报单位基本上还是保持了相对稳定、独立的编目力量。从实用性角度出发，对于本单位的一些特殊要求，可以根据本单位的标引细则标引。随着计算机技术尤其是计算机网络技术的发展，传统手工编目逐步被计算机编目取代，传统卡片目录逐步被机读书目数据库取代，传统集中编目逐步被联合编目取代。

目前，全国有影响的联合编目中心有3家，国家图书馆全国图书馆联合编目中心、中国高等教育文献保障系统和地方版文献联合采编协作网。联合编目是集中编目的延续，是网络环境下计算机编目的必然结果，是新时代编目效益的最佳体现。联合编目在一定程度上改变了集中编目中服务与被服务的关系，使所有用户从技术上都可以成为服务与被服务的对象。在联合编目时代，本着资源共建共享的原则，少量大中型文献情报单位承担起更多的编目责任。由于网络时代联合编目的时效性很好，绝大多数文献情报单位减少了编目人员，降低了本单位的编目能力，主要靠直接下载联合编目数据提高编目效率，逐步忽略了文献标引的实用性原则，导致《中图法》的一些选择形同虚设。

《中图法》的类目设置立足于综合性文献情报单位，兼顾专业文献情报单位的需求。为了满足专业文献情报单位的一些特殊要求，《中图法》运用了交替类目、双表、冒号组配等技术。但是，在联合编目环境下，由于人力、物力因素，以及大多数综合性文献情报单位的传统习惯，一般只对《中图法》的一些首选类目标引,忽略了专业文献情报单位的需求,也为《中图法》带来了一些新问题。

2.《中图法》中的交替类目问题。

《中图法》是等级列举式体系分类法。由于等级列举式体系分类法的类目是线性排列的,一个类目只能在这个线性系列中占据一个位置,当某事物具有多重隶属关系时,只能根据综合性分类法聚类的要求,人为地将其划归某一类。为了满足专业文献情报单位在一定范围和程度上按专业集中文献的需要,《中图法》有选择地对部分具有多重隶属关系的事物采用分别在不同的上位类下列出,规定其中一个为正式类目(使用类目),其余供选择使用的为交替类目,在类号上加"[ ]"标识,并用"宜入××"注释指向正式类目。

由于大多数文献情报单位都是选择正式类目,联合编目上传的书目数据也是正式类目,无疑忽视了专业文献情报单位分类的实用性需求。如果专业文献情报单位没有编目力量对自己的一些专业要求自行分类,也浪费了《中图法》的资源;即使专业文献情报单位有力量满足自己的专业需求,在当今计算机编目时代,也是一种人力资源的浪费。

3.《中图法》中的法律类双表问题。

除了交替关系外,为了满足法律专业文献情报单位的特殊要求,使《中图法》的类目划分更符合科学分类、知识分类,同时也为了保持文献排架的相对稳定性,《中图法》编列了法律类双表(D9、DF)。

《中图法》从第四版开始编列法律类双表,至今并未得到有效应用。正如一些法律专业文献情报单位用户的肺腑之言:"DF类好用不能用,D9类不好用又不得不用。" DF类缺乏联编使用的环境,D9类体系不符合学科研究体系,二者在使用中出现矛盾。这个矛盾能不能随着《中图法》(第五版)在全国的广泛应用而解决,是我们关注的一个焦点。

4.《中图法》中的冒号组配问题。

冒号组配,是指将概念相关的两个或多个类目(主类号)通过组配符号":"连接在一起,以表达一个分类表未列举的较专指或较复杂检索主题的标引技术。冒号组配法不仅可以满足类目细分的需求,提高分类专指度,增强类目表容纳性能，而且可以通过冒号组配法，使某些专论性问题的集中分类或分散分类，为用户提供一种选择。例如："O29 应用数学"有类目注释"总论入此。具体应用入有关各类。例如，工程数学入 TB11。如愿将各种应用数学集中于此，可用组配编号法。例如，工程数学为 O29：TB11。"

对于数学专业文献情报单位，如果按照专业需求集中各种应用数学，可以采用冒号组配法将所有应用数学汇聚在"O29 应用数学"类下，但是同样面临一个问题，没有联编使用环境。

5. 一些设想。

使用类目和交替类目之间就是交替关系。启用交替类目要注意以下两个问题：凡属一一对应的交替类目，只需将启用的交替类目的"[]"及类目下的"宜入××类"注释去掉，将对应的使用类目改为交替类目加上"[]"号，并加注释"宜入××"即可；凡属一对多或多对一的交替类目，调整起来相当复杂，需对相关的类目逐一甄别，有的可改为交替类目，有的可加注释从中划分出一部分内容，不能一概而论。除少数交替类目已细分展开外，绝大多数交替类目只是给出一个交替类号，如需再展开，一般不要自编细分子目，而是要仿照《中图法》相应的类列细分，或将相关的类目移到该类下。配号时要遵循《中图法》的编号规则。例如，Q91 古生物学与 [P52] 古生物学是交替关系。Q91 古生物学是使用类目，有下位类 Q911 普通古生物学、Q913 微体古生物学、Q914 古植物学、Q915 古动物学、Q919 应用古生物学；[P52] 古生物学是交替类目，没有下位类，有类目注释：宜入 Q91。如果要将 [P52] 古生物学展开细分，只需将 Q91 的下位类号平移到 [P52] 后即可，例如，P52 古生物学、P521 普通古生物学、P523 微体古生物学、P524 古植物学、P525 古动物学、P529 应用古生物学。

《中图法》是 20 世纪 70 年代的产物，1973 年 3 月发行试用本，1975 年 10 月出版第一版，1980 年 6 月出版第二版，1989 年出版第三版，1999 年 3 月出版第四版，2001 年出版第四版电子版，2010 年 9 月出版第五版，虽经数版修订，但有些"先天不足"的历史问题始终没有从根本上彻底解决。由于试用本、第 1 版编撰于文革期间，不可避免地留下了时代烙印，突出表现在思想性原则与科学性、实用性原则之间的矛盾，重点是 A 大类的设置问题。"A 马克思主义、列宁主义、毛泽东思想、邓小平理论"作为《中图法》五大部类之首，依人列类，已严重影响到《中图法》在港澳台地区和一些不具备特藏性质的信息组织机构的推广使用。从《中图法》第三版开始，A 大类就是每次修订讨论的重点。虽然解放思想，弱化《中图法》的思想性、强化实用性都是每次修订改版的一个重要方针，但是直到第五版才为用户分散 A 大类文献提供了一种选择，可以理解为过渡方式。《中图法》第五版 A 类注释规定：若不集中 A 大类文献，可按文献性质及学科内容分散处理。第五版对 A 大类所有类目均给出选择使用类号，并且在 D 大类增设了相关类。马克思、恩格斯、列宁、斯大林的综合性著作及其研究可入 D33/37 的"-0"；毛泽东、邓小平的综合性著作及其研究可入 D2-0；马列主义、毛泽东思想研究，专论、专题汇编及其研究入有关各类。例如，马列主义研究入 D0-0；毛泽东思想研究入 D610.0；邓小平理论研究入 D610.1；邓小平论文艺入 I0；毛泽东传入 K827=73。[D610.0] 与 [D610.1] 是交替类目，如果准备分散 A 大类文献，可以启用为正式类目。

《中图法》中的法律类双表可以理解为较复杂的交替关系，D9 为正式类目，DF 为交替类目，二者处于同一分类法中，存在相互对应的关系。第一分类体系 D9 按照《中图法》的一般规律，法律理论→世界→中国→各国法律的排列顺序列类，然后再按法的类型列类；第二分类体系 DF 在法律理论、世界各国法律总论之后，首先按法的类型列类，然后再依世界地区表分，中国的再依中国地区表分。国际法均位于两个分类体系的最后。例如，法律经济学 D90-056 与 DF0-056、法社会学 D902 与 DF02、中国行政法案例 D922.105 与 DF305（2）、中国继承法汇编 D923.59 与 DF524.1（2）、美国金融法研究 D971.222.8 与 DF438.04（712）、犯罪心理学 D917.2 与 DF792.2、法医学 D919 与 DF795、国际法 D99 与 DF9、国际刑法 D997.9 与 DF979。

在《中图法》中利用冒号组配技术为专业文献情报单位提供一种集中专业主题与相关主题的类目有不少，例如，O29 应用数学、O39 应用力学、O59 应用物理学、O69 应用化学等。"O59 应用物理学"有类目注释"总论入此。专论物理学在各方面的应用入有关各类。例如，农业物理学入 S12。如愿集中于此，可用组配编号法"。虽然等级列举式分类法也不可能穷举所有可能的主题概念，但是《中图法》还是为重要的、常用的应用科学设置了类目，例如，军事物理学 E912、音乐物理学 J611.1、医用物理学 R312、药物物理学 R912、农业物理学 S12、森林物理学 S712、工程物理学 TB13、化工物理学 TQ012、环境物理学 X12 等。如此，专业文献情报单位在选择集中文献时同样存在基本的类目对应关系，例如，军事物理学 E912 与 O59：E912、森林物理学 S712 与 O59：S712、农业物理学 S12 与 O59：S12 等。

6. 结语。

《中图法》自 1973 年发行试用本到 2010 年出版第五版，至今已有 40 多年。在这 40 年间，随着计算机技术尤其是计算机网络技术的发展与应用，编目环境发生了很大变化，手工编目发展为计算机编目、联合编目。

文献分类标引必须使文献能"尽其用"，即符合实用性的要求。应根据文献的具体内容和实际用途（包括潜在的用途），结合图书馆的性质、任务，在检索系统中提供必要数量的、切合实际需要的检索途径。若一个文献主题在分类表中设有两个可选择使用的类目，专业文献情报单位可选用其中一个对本单位更有用的类目。但是在联合编目环境下，绝大多数图书馆或联合编目机构均选用分类表推荐的使用类目，没有提供交替类目等供用户选择，文献分类的实用性原则没有得到有效贯彻，专业文献情报单位的需求被忽略，《中图法》的部分资源被浪费。

在《中图法》中可供用户选择类目的情况有 3 种：交替类目、双表和冒号组配。正如上文所述，由于处在同一分类体系中，基本存在一一对应的关系，根据对应关系，完全可以编制出选择类目对应表，根据对应表，可以利用计算机技术自动转换。如此，既节省了人力资源，满足了专业文献情报单位的专业要求，《中图法》的资源也得到了充分应用；同时，对应表的编制，又可以促进《中图法》的修订与完善。

国家图书馆中文编目从 2002 年开始实现了检索分类号与排架分类号的分离，检索分类号用《中图法》详表，著录于 690 字段；排架分类号用《中图法》简本，著录于 090 字段。2011 年之前，检索分类号与排架分类号均由分类员人工标引；2012 年以后，随着《中图法》第五版的应用，国家图书馆尝试用检索分类号自动转换排架分类号。由于《中图法》简本是根据详表简化而来的，有着很好的对应关系，借助计算机技术的优势，可以快速、准确地自动转换。从 2012 年 2 月开始正式应用已两年多，达到了比预期更好的效果，既提高了工作效率，降低了人工成本，又减少了错误率，无疑是一个很成功的例子。

附录Ⅳ　编目工作的完整性

《中国文献编目规则（第二版）》分为著录法与标目法两部分，对应于编目工作可以称为著录工作与标目工作。标目法部分只包括中文名称标目，不涉及标引部分的分类标目与主题标目，所以标目工作（又称规范工作）可以细分为中文名称规范工作与标引工作。著录与标引是中文编目的两项基础工作，中文名称规范是一项新工作，在国家图书馆也不过十几年的历史，实际纳入编目流程才 3 年多。由于中文名称规范工作的加入，传统的著录工作被进一步压缩，个人名称、团体名称、统一题名检索点的选取与确定归入名称规范工作。但是，编目工作是一个整体，过分割裂三者之间的联系是不可取的。目前，在国图中文编目中，存在着一定程度上的各自相对独立的著录、标引、名称规范工作，由于三者相对独立，对编目工作的完整性产生了影响。为节省篇幅，下文用"新规则"代表《中国文献编目规则》（第二版），用老规则代表《中国文献编目规则》。

1. 新规则带来的一些新变化。

根据新规则著录法的规定，如果责任者名称属于题名的组成部分，而规定信息源又未重复载有责任说明，责任说明可以不著录（老规则是著录，但必须加上方括号"[]"）。也就是说，题名与责任说明项可以不著录此责任者，但是应在个人名称标目部分揭示。请看下面的例子。

例 1：尤新食品发酵论文选

由于本书规定信息源未载有"尤新著"，尤新又是题名的组成部分，因此"尤新著"在题名与责任说明项（200字段）可省略，但应取"尤新""为个人名称标目，在知识责任块反映为：701#0$a 尤新 著。

例2：肖像+表情：苏新平作品

本书是苏新平的绘画作品集。与例1相似，由于规定信息源未载有"苏新平绘"，因此"苏新平绘"可以在题名与责任说明项省略，但必须取个人名称标目：苏新平（1960～）。

2. 标目考证信息应该在附注项反映。

新规则与老规则相比，标目法部分得到了加强与充实，有关标目（责任者）的深层揭示与考证属于标目法的范畴；著录法部分更加强调客观著录，只反映规定信息源的信息，规定信息源之外的责任者信息（包括文献内或文献外）属于标目考证工作。但是，由于编目工作的复杂性，责任者信息并不总是题名的组成部分，有时缺少某些著录信息的补充，标目部分会显得很唐突，缺乏根据。请看下面的例子。

例1：交际语言技巧

本书简介信息：本书由李选友主编，胡求予参加编写。根据以上信息，应取李选友（1939.3～）为个人名称标目。尽管此信息并未出现在规定信息源上，还是应该补充著录在题名与责任说明附注项（304字段）。

例2：糖尿病不愁吃：美味健康做得到 / 台北市立万芳医院营养师著

本书前言介绍：作者是中国台北市立万芳医院营养师张静怡等。与例1相似，虽然上述信息并未出现在规定信息源上，还是应该著录在题名与责任说明附注项，并取"张静怡（女）"为个人名称标目，不能取"台北市立万芳医院"为团体名称标目。

3. 客观著录也需要正确分析。

新规则著录法强调客观著录，尊重客观信息，但是客观著录并不表示编目员可以不分析、不思考。规定信息源的信息并不是按照著录规则编辑的，有时很杂乱，某些出版商出于各种目的可能会在规定信息源上添加一些宣传用语，这些宣传用语并不都是毫无意义、可以省略的。有些宣传用语可能貌似著录信息，再加上一些漂亮的书籍装帧，肯定需要编目员去分析，过分强调客观著录是不可取的。请看下面的例子。

例1：冀版精品图书之旅 / 杨汝戬，李保平主编

本书介绍了冀版获国家三大奖的图书。在本书题名页杨汝戬，李保平主编旁，题有：国家三大奖图书编。如果一昧追求客观著录而不假思索，将"国家三大奖图书"作为团体责任者著录在题名与责任说明项，无疑是错误的，更不能取"国家三大奖图书"为团体名称标目。正确的做法应该是将"国家三大奖图书编"信息著录在一般附注项（300字段）。

例2：老爸，你真酷：感动父亲和我们的话语 /（英）www.youaretheauthor.com 编；赞歌译

例3：谢谢你，妈妈：感动母亲和我们的话语 /（英）www.youaretheauthor.com 编；赞歌译

例2和例3都以"（英）www.youaretheauthor.com"为团体责任者，并根据编目员自译取"（英）自己当作者网"为团体名称标目，以"www.youaretheauthor.com"为非规范标目。稍有点互联网常识的人都可以看出"www.youaretheauthor.com"是网页的名称，不能因为它出现在题名页上貌似团体责任者，就取为团体责任者，更不能作为团体名称标目。"（英）www.youaretheauthor.com 编"合理的解释应该是：本书内容编译自本网页，正确的著录方法应该是将"（英）www.youaretheauthor.com 编"信息放在一般附注项。

4. 经标目考证发现的客观著录错误应该在附注项进行反映。

根据新规则著录法的规定，如果规定信息源所载题名和责任说明有误，应原样照录，同时在附注项说明。但是，并不是所有错误都可以在编文献上发现（例如题名页与封面信息不一致），有些和标目相关的错误是需要考证的，而标目的考证又不属于著录工作。请看下面的例子。

例1：死亡的夜晚 /（英）约翰·马斯登（John Marsden）著；黄方，周维，范立瑛译

本书责任者著录为（英）约翰·马斯登（John Marsden），根据澳大利亚大

使馆与个人网页提供的信息：约翰·马斯登（John Marsden），澳大利亚人，生于 1950 年 9 月。根据上述信息，应取（澳）马斯顿（Marsden, John 1950.9 ~）为个人名称标目。但是，由于与规定信息源不符，最好在题名与责任说明附注项著录如下信息：经核查本书作者约翰·马斯登（John Marsden）国籍有误，应为澳大利亚。

规定信息源上的信息是由出版社提供的，出版社提供的信息未必正确。正如例 1 一样，由北京知识出版社于 2005 年出版的丛书《明日战争—少年英雄冒险小说系列》，所有 6 本书作者均误题为：（英）约翰·马斯登（John Marsden）。但是，2003 年桂林漓江出版社出版的《陌生的笔友：心灵的笔录》一书，作者为：（澳）约翰·马斯顿（John Marsden），未发生错误。

5. 虚拟团体名称。

本文所称的虚拟团体名称是指一些貌似团体，没有任何隶属或挂靠关系，无法考证，很可能是杜撰出来的根本不存在的团体。这些虚拟团体有一个共同点，就是貌似强大、权威，仿佛它们就是政府授权的权威机构，但是却查不到任何团体信息，也无法证明与任何政府机关有隶属关系。这种情况主要发生在各类考试的参考书上，杜撰出一些貌似权威的虚拟团体，无非是为了卖出更多的书，可以理解为商业行为。请看下面的例子：

例 1：硕士研究生入学考试单元测试 1000 题 / 陈凯主编；考研命题研究组编写

北京：中国人民大学出版社，2000

例 2：时事政治：1997 年 2 月 ~ 1997 年 10 月 / 林代昭主编；考研命题研究组编写

北京：改革出版社，1997

考研命题研究组目前是国图中文名称规范库中的团体名称标目，全国考研命题研究课题组是它的非规范标目。与此规范标目挂接的书目记录有 82 条，但分属于 12 个出版社，分别是：科学技术文献出版社 46 条、中国人民大学出版社 9 条、高等教育出版社 2 条、航空工业出版社 2 条、改革出版社 1 条、兵器工业出版社 2 条、北京大学出版社 2 条、机械工业出版社 1 条、北京出版社 1 条、知识产权出版社 3 条、中国青年出版社 6 条、新华出版社 7 条。如此众多的出版社使用相同的团体责任者（虚拟团体名称），而与之相配的个人责任者又不尽相同，确实值得怀疑。

根据上面的分析，可以认为虚拟团体名称不具有唯一性、一致性、专属性、排他性。由于虚拟团体名称根本不是真正的著作责任实体，也毫无实际检索意义，因此无须提供检索点，更不能作为团体名称标目。

在国图，中文著录工作与标目工作是分开的，由于新规则过于强调客观著录，有时给标目工作造成误导。在中文编目中，虚拟团体名称很多，如果都作为中文名称规范库中的团体名称标目，实在有违名称规范的基本含义。类似的虚拟团体名称还有：教育考试研究中心、国家公务员录用考试指定教材编委会、高校英语专业四级考试命题组、高新技术产品精选编辑组、高职数学教材编写组、小企业会计制度研究组等。

6. 一些感想。

上文主要列举了著录与名称规范之间的关系，实际上，标引与著录、名称规范之间也存在密切联系。例如，标引与 330 内容提要附注项应该一致，如果是文学或传记作品，应该与 105 编码数据字段的文学体裁代码或传记代码保持一致。同样的道理，如果是自传，传主的国籍应该在标引与名称规范的结果上保持一致。

在国图，中文名称规范工作在 2003 年才被纳入中文编目主流程。前期近一年半的名称规范工作基本是根据题名与责任说明项选取检索点、确定名称标目的，保持了与著录工作的高度一致。但是，极易产生第 3、第 5 节的错误，也容易忽略第 2 节的检索点，降低了标目工作的深度。2005 年 10 月 1 日，新规则在国图正式施行，彻底打破了名称标目与著录表面上的高度一致，新的问题随即产生，也是讨论的重点。

在编目界历来有两种编目理念，即编目的专业化与一体化。编目专业化的优点主要反映在有利于编目员的专业发展与人员素质的合理利用，缺点是分工过细，有损编目工作的完整性；编目一体化的优点主要反映在有利于编目员的全面发展与编目工作的完整性,缺点是编目员工作太杂,存在一定程度上的人力资源浪费。两种理念在国图的编目实践中不断反复,最近几年由于新编目员的整体素质不断提高,编目一体化逐渐占了上风。但是,随着国外编目外包观点的引进,编目专业化在国图中文编目中似乎又有抬头的趋势。

两种编目理念各有利弊,关键是如何顺应各自的规律,扬长避短,合理配置本单位的人力和物力。如果采取编目专业化的观点,一定要避免"铁路警察各管一段"的事情发生,尽可能加强各道工序之间的联系。由于标目工作在文献的深层揭示与考证方面优于著录工作,应该赋予标目工作者修改与标目相关的著录内容的权力,同时必须设终审负全责,以保持编目工作的完整性。如果采取编目一体化的观点,可以根据本单位的人员素质,结合部分编目专业化的理念。例如,可以在校对环节保留一部分专业化发展的道路,也可以采取将著录工作外包的形式合理利用本单位的资源,同时必须赋予标目工作者更大的权力。

本篇主要是针对新规则在国图施行一年以来所发生的一些新情况。由于国图从事中文编目的工作人员很多,分工较细,情况可能相对复杂,仅供参考。

附录Ⅴ 国家图书馆中文名称规范的探讨

中文名称规范工作是伴随着中文书目不断发展而产生的。由于中文书目的不断增加,同人异名、同名异人、同书异名、同名异书的情况逐渐增多,为了提高检索效率,减少误检,规范工作也就应运而生了。

1. 国家图书馆中文名称规范的历史。

国图中文名称规范的研究工作始于20世纪80年代后期,主要由当时的北京图书馆自动化发展部负责。此项研究工作断断续续,进展缓慢,一直处于收集资料、理论探讨阶段,直至1995年北京图书馆中文编目部成立了中文名称规范组,才从组织上保障了中文名称规范工作的系统性、连续性。自1995年成立中文名称规范组至今,中文名称规范工作大致分为3个阶段。

(1)第一阶段:1995年至2000年3月。

这一时期的国图中文名称规范工作主要是依据各种权威工具书（中国大百科全书、中国专家大辞典等）维护与制作中文名称规范数据，由于所有中文名称均取自权威工具书，信息已经过考证，也较详细，表面看来中文名称规范工作做得很好。但是，它是完全脱离中文书目数据制作的中文名称规范数据，有违中文书目规范控制的基本定义，也不能保证所有中文名称规范数据将来都有中文书目数据挂接，可以理解为国图中文名称规范工作的起步阶段。

（2）第二阶段：2000年4月至2003年年初。

此阶段国图中文名称规范工作除依靠各种权威工具书外，还依据中文普通图书书目数据314字段的责任者小传制作中文名称规范数据，应该说向真正的中文书目名称规范控制跨进了一步。此时的中文名称规范数据与中文普通图书书目数据的制作还是在两个科组进行，中文名称规范工作由中文名称规范组负责，中文普通图书书目数据由中文图书书目数据组负责。由于中文名称规范数据有一部分是根据中文普通图书书目数据314字段的责任者小传制作的，其信息来自在编文献，与第一阶段相比，某些数据已出现信息匮乏、区分不清的端倪。第一、二阶段共制作中文名称规范数据35万余条。

（3）第三阶段：2003年5月至今。

正如上文所述，2003年5月以前的中文名称规范工作基本是脱离中文书目数据进行的，也是由不同科组负责的，并没有融入中文普通图书编目流程。这其中有管理机制上的问题，也有计算机编目系统的原因。2003年2月，中文名称规范组撤销，其业务与人员并入中文图书书目数据组，为中文名称规范工作融入中文编目主流程提供了组织上的保证。2002年9月至10月，国图计算机综合管理系统改为以色列ALPHE500（第14版）系统，为中文名称规范工作融入中文编目主流程，真正做到编目过程的规范控制提供了技术上的保证。2003年2月至4月，经过调研、系统调试、人员培训，于5月终于将中文名称规范工作纳入中文编目主流程，做到了中文名称规范数据对中文书目数据的实时控制。本文讨论的重点就是这一阶段，因为前两个阶段可以理解为理论探讨、数据积累、准备阶段，很多问题并没有表现出来，第三阶段的中文名称规范工作纳入中文编目主流程，很多问题显现出来，也无法再回避。

2.国家图书馆中文名称规范的分析。

根据《中国文献编目规则（第二版）》标目法的规定及国图中文名称规范工作目前的基本做法，中文普通图书书目数据个人与团体名称检索点应该是规范标目。这就意味着所有个人与团体名称检索点必须取自中文名称规范数据库，如果没有，首先应该建立一条规范数据并确定为规范标目，这就是上述第三阶段中文名称规范工作与前两阶段的根本区别。由于在编文献上（包括其他信息源，例如互联网）有关检索点的信息可能很少，甚至没有（或许与中国人缺乏知识产权保护意识有关），直接影响到规范标目的确定及新规范记录的质量，大量资信匮乏的名称规范记录（俗称白板记录）的出现，必将进一步加深规范标目的确定与区分难度，造成恶性循环。

（1）中文个人名称规范标目学科附加成分。

中文个人名称规范标目由主要成分和附加成分组成，附加成分主要用于修饰与区分主要成分。个人的自然属性（如生卒年、性别、国别等）和某些社会属性（如博士、教授等）附加成分是稳定的，而某些社会属性附加成分（如副教授、处长、学科等）却可能是暂时的、易变的。归纳一下国图3年来的中文名称规范工作可以发现，由于资信匮乏产生的大量个人名称白板记录，只能根据在编文献的学科属性由编目员推测的学科附加成分进行区分，这是很不科学的。下面看一些国图中文名称规范数据库中的一些实例。

例1：徐帮学

在国图中文普通图书书目数据库中，徐帮学主编及编著的数据有26条，涉及水文、印刷、财政等众多专业学科，建立的规范标目有徐帮学（技术标准）、徐帮学（基础教育）、徐帮学（工会工作）、徐帮学（编辑）、徐帮学（英语）。除徐帮学（基础教育）外，其他规范标目均有书目数据挂接，没有规范标目的书目数据检索点有徐帮学、徐帮学（建筑）、徐帮学（学前教育），显得相当混乱。26条书目数据有一些共同点，例如，都是高26cm的多卷本工具书（有手册、标准、百科全书等），由银声音像出版社、吉林电子出版社等音像或电子出版社出版（以银声音像出版社居多），出版年介于 2002 年至 2005 年。

有关徐帮学的几条规范记录均是白板记录，在编文献上没有任何个人情况介绍，互联网检索也无任何可用信息。

例 2：李伟

在国图中文名称规范库中有 53 条李伟规范标目，其中含有李伟（企业管理）、李伟（翻译）、李伟（专业英语）、李伟（日语）四条。李伟（企业管理）译有《大野语录—丰田巨额利润的秘密：科学的现场管理》等；李伟（翻译）译有《与捷克做生意》等；李伟（专业英语）主编有《材料科学与化学工程》；李伟（日语）译有《如何提高客户满意度—决定所有企业生死存亡的 CS 法则》。仔细分析之后可以发现 4 条规范标目都与语言有关，有 3 条与企业管理、贸易相关，4 条规范记录本身没有任何其他个人信息，编目员又是根据什么区分出 4 个李伟的呢？

在国图中文普通图书书目数据库中大约有 97 条书目记录分别挂接在 53 条李伟规范记录上，平均一条规范记录挂接 1.8 条书目记录。另外，还有 3 条李伟非规范标目：李伟（文学，1946～）[规范标目：辛土（1946～）]、李伟（李松堂，1949～）[规范标目：李松堂（1949～）]、李伟（李爵士，音乐/绘画）[规范标目：李爵士（音乐/绘画）]。从表面上看，53 条李伟规范标目区分得很清楚，但是由于区分的标准不同（有生卒年、性别、民族、学科、职业等），并不具有可比性，而且其中的 36 条白板记录学科附加成分完全是由编目员推断的，其可靠性就更低。53 条缺乏可信度的李伟规范标目让编目员如何去识别、区分，新的书目记录如何挂接，在缺乏可操作性的情况下李伟规范标目会不会继续增加，这些都值得大家深思。

（2）中文个人名称非规范标目的区分。

实际上，并不只是个人名称规范标目才需要附加成分进行区分，非规范标目主要成分也可能与其他规范标目或非规范标目主要成分重名，同样需要附加成分进行修饰与区分，一些不合常规的非规范标目（如网名等）更应该著录附加成分，以提高辨识度。个人名称非规范标目附加成分除与规范标目附加成分相同外，有时还可以规范标目主要成分为附加成分，正如上文中李伟（李松堂，

1949～)、李伟(李爵士，音乐/绘画)，李松堂与李爵士均为规范标目主要成分。下面列举一些例子。

例1：理工大风流往事/zt 著

本书为网络长篇小说，在编文献信息源提供作者为 zt，不合常规。经互联网检索后与作者本人联系，获得如下信息：张韬，1979年2月出生于西安，网络作家，网名 zt。

根据以上信息应以张韬(1979.2～)为个人名称规范标目，并取网名 zt(张韬，1979.2～)为非规范标目。

例2：Flash 闪客速成：动画实例细解/TS，I-NOO，酒精编著

本书版权页题：梁淦新等编著，封面折页有3个编著者的介绍，梁淦新：在广东成立"TS动画工作室"，主要从事 Flash 动画设计和动漫设计，网名 TS；张筝：盛大网络设计部动画师，网名 I-NOO；王玉成：擅长手绘漫画和动画设计，网名酒精。

以上3个编著者的网名不合常规，根据本书信息源提供的情况，应以梁淦新为个人名称规范标目，并取 TS(梁淦新)非规范标目；张筝为个人名称规范标目，并取 I-NOO(张筝)为非规范标目；王玉成(动画设计)为个人名称规范标目，并取酒精(王玉成，动画设计)为非规范标目。

（3）可疑的团体名称规范记录。

在国图的中文名称规范库中，团体名称规范记录从数量上来说处于个人名称之后，位列第二。除了对一些临时性团体(例如，××丛书编委会、××地方志编委会等)有没有必要做规范记录存在争议外，还存在一些看起来像是团体，但很可能根本不存在的团体，这样的团体该不该做规范记录值得深思。下面列举一些实例。

例1：考研命题研究组

考研命题研究组是国图中文名称规范库中的团体名称规范标目，全国考研命题研究课题组是它的非规范标目。与此规范标目挂接的书目记录大约有82条，但分属于12个出版社，以科学技术文献出版社的46条记录为最多，大多数出版社只有一两条记录。如此众多的出版社使用相同的团体责任者，而与之相配的个

人责任者又不尽相同，确实耐人寻味。

例2：教育考试研究中心

教育考试研究中心是国图中文名称规范库中的团体名称规范标目，考试研究中心、考研中心是它的非规范标目。与此规范标目挂接的书目记录也分属不同的出版社，大致情况与例1相近。

3. 中文名称规范工作的感想。

国图在中文编目过程中进行实时规范控制是2003年5月以后的事，经过3年多的摸索与实践，感想颇多，下面列举两点，与同仁共享。

（1）个人名称白板记录。

在国图资信匮乏的中文名称规范记录俗称白板记录，现阶段个人名称白板记录只能由编目员根据在编文献的学科属性推测学科附加成分进行区分，这是很不科学的。原因有4点：第一，某些跨学科著者如何推测学科附加成分，例如北京大学季羡林教授；第二，某些译者如何推测学科附加成分，例如上文中的李伟，译者有两种，一种是本身专业就是语言学（例如英语系教授），另一种是本身专业非语言学（例如历史学家），如果一位译者翻译了一本非本专业的著作很容易推测出多个标目；第三，某些通俗读物作者难以推测学科附加成分，例如人生观、个人修养、成功学、格言、菜谱类著作；第四，某些主编、编者难以推测学科附加成分，根据在编文献推测出的主编、编者学科附加成分很不准确，尤其是一些跨学科主编、编者。

个人名称白板记录很容易制作，但是难以识别，应当控制，否则个人名称规范数据会越来越不规范，就像上文中的李伟。

（2）虚拟团体名称。

本文所称的虚拟团体名称是指一些看似团体，但没有任何隶属或挂靠关系，无法考证，很可能是杜撰出来的根本不存在的团体，例如，上文中的考研命题研究组、教育考试研究中心。这些虚拟团体有一个共同点就是看似强大、权威，仿佛它们就是政府授权的权威机构，但是却查不到任何团体信息，也无法证明与任何政府机关有隶属关系。这种情况主要发生在各类考试的参考书上，杜撰出一些看似权威的虚拟团体无非是为了卖出更多的书，可以理解为商业行为。例如，伴随国家公务员考试出现了如下虚拟团体：国家公务员考试试题研究组、国家公务员录用考试教材编写组等9个团体；伴随国家英语四六级考试出现了如下虚拟团体：大学英语四级考试命题研究组、全国大学英语四级考试命题研究组等6个团体；类似的虚拟团体名称还有：高血压高血脂防治小组、高职入学考试研究组、会计制度研究组等。

虚拟团体名称不具有唯一性、一致性、专属性、排他性，似乎任何人只要你愿意就可以随意使用，事后也不会被追究。

4. 中文名称规范工作的4点建议。

实际上，国图并没有按照题名规范理论区分所有同名异书，目前也只是对中文典籍、部分知名译著制作统一题名，大量如《高等数学》《英语》等通用题名著作并没有区分。为何如此？实在是根本做不到，而且对用户检索毫无意义，甚至造成混乱。因为用户的检索方式是多样的，可以选择其他更加便捷的检索方式。

中文个人名称与西文、日文等其他文种个人名称相比，姓氏较少（常用姓氏更少），名称简单（单名较多），所以重名现象比其他文种严重，规范难度更大。据调查，西文个人名称规范只有90%左右，为什么中文个人名称检索点必须条条是规范标目，值得深思。

根据上面的论述，笔者坚持认为中文名称规范工作是一个不断追求理想的过程。由于客观条件所限不可能一步到位，必须有所放弃，并提出如下建议：

（1）严格控制个人名称白板记录，对于一些出现频率很高、重名严重的个人名称，可以制作一条未加区分的准规范记录，比如李伟（未区分），以提高规范工作的可操作性。将未加区分的书目数据暂时集中在此条准规范记录下，也有利于日后的规范维护工作。

（2）个人名称非规范标目应该添加稳定的附加成分（比如生卒年等），那些不合常规或重名严重的非规范标目，应以规范标目主要成分为首选附加成分。

（3）虚拟团体名称不应该提供检索点，更不应该制作规范记录。

（4）非知名的个人名称规范记录附注项应该尽可能描述个人的所有著作，而不是有代表性的3部（国图现阶段的做法），以提高规范工作的准确性。

实践是检验真理的唯一标准，应该以实事求是的态度正确认识实践与理论之间的差距。正如黄俊贵先生所言："文献检索对于一种著作、一个著作责任者必须采取统一标目。诚然，这种统一也不是绝对的，只能在可能的情况下进行。因为编目员的工作对象是一种表现为具体出版物的著作，不能像专门从事文献研究的学者一样全面地研究文献。"

　　本文所述只是笔者3年来的一些工作心得，不妥之处肯定在所难免，敬请指教。

参考文献

[1] 《中图法》编委会. 中国图书馆分类法第 5 版使用手册 [M]. 北京：国家图书馆出版社，2012.

[2] 《中图法》编委会. 中国图书馆分类法：5 版 [M]. 北京：国家图书馆出版社，2010.

[3] 《中图法》编委会. 分类法研究与修订调研报告 [M]. 北京：北京图书馆出版社，2007.

[4] 卜书庆.《中国分类主题词表》（第 2 版）及其电子版手册 [M]. 北京：北京图书馆出版社，2006.

[5] 国家图书馆《中国文献编目规则》修订组. 中国文献编目规则 [M]. 2 版. 北京：北京图书馆出版社，2005.

[6] 《中图法》编委会. 中国分类主题词表：2 版 [M]. 北京：北京图书馆出版社，2005.

[7] 刘湘生，汪东波. 文献标引工作 [M]. 北京：北京图书馆出版社，2001.

[8] 全国图书馆联合编目中心，国家图书馆图书采选编目部. 中文图书机读目录格式使用手册 [M]. 北京：华艺出版社，2000.

[9] 《中图法》编委会. 中国图书馆分类法（第 4 版）使用手册 [M]. 北京：北京图书馆出版社，1999.

[10] 《中图法》编委会. 中国图书馆分类法：4 版 [M]. 北京：北京图书馆出版社，1999.

[11] 陈树年. 中国分类主题词表标引手册 [M]. 北京：北京图书馆出版社，1998.

[12] 中国文献编目规则编撰小组. 中国文献编目规则 [M]. 广州：广东人民出版社，1996.

[13] 全国文献工作标准化技术委员会.GB13190—91 汉语叙词表编制规则 [M]. 北京：中国标准出版社，1996.

[14] 《中图法》编委会. 中国分类主题词表 [M]. 北京：华艺出版社，1994.

[15] 中国科学技术情报研究所《汉语主题词表》自然科学部分维护组. 汉语主题词表 [M]. 自然科学增订本. 北京：科学技术文献出版社，1991.

[16] 北京图书馆自动化发展部编.中国机读目录通讯格式[M].北京:书目文献出版社,1991.

[17] 钱起霖.《汉语主题词表》标引手册[M].北京:科学技术文献出版社,1985.

[18] 中国科学技术情报研究所,北京图书馆.汉语主题词表(试用本)[M].北京:科学技术文献出版社,1980.

[19] 卜书庆.《中图法》第4版修订与第5版概要[J].图书馆理论与实践,2011(6):17–24.

[20] 朱芊.全国中文机读书目主题标引格式问题分析[J].中国图书馆学报,2002(1):78–81.

[21] 黄俊贵.规范控制概说[J].高校图书馆工作,1999(3):1–8.